BODE MILLER
L'art de la vitesse

En couverture : Bode Miller en plein vol dans la descente du Lauberhorn, à Wengen (Suisse), en janvier 2015.

BODE MILLER
L'art de la vitesse

Virginie Troussier

ISBN 978-2-87523-120-8
Dépôt légal : octobre 2018
D/2018/9594/9

Éditions Nevicata
42, avenue du Général de Gaulle
B-1050 Bruxelles
info@editionsnevicata.be
www.editionsnevicata.be

Ce livre est également disponible en version numérique.

Virginie Troussier

BODE MILLER

L'art de la vitesse

Préface d'Enak Gavaggio,
alias Rancho

ÉDITIONS
NEVICATA

« Le goût de la vitesse n'a rien à voir avec le sport [...] C'est là tout ce que je crois vrai, finalement : la vitesse n'est ni un signe, ni une preuve, ni une provocation, ni un défi, mais un élan de bonheur. »

Françoise Sagan
Avec mon meilleur souvenir

Avant-propos

Le sport est un révélateur puissant de l'homme, il éclaire les facettes d'une personnalité, dévoile les aspects cachés. Avec l'exercice des sensations, on fouille l'opacité des corps, on explore des motivations profondes. Les situations fortes renvoient à un état sincère, un instinct brut. Essayer de pénétrer l'esprit de Bode Miller, c'est comme essayer de le suivre dans les pentes. Je livre ici un portrait qui est ma vision de sa personne, même si c'est lui, ses courses, ses gestes, ses mots qui l'ont entièrement forgée. Je ne l'ai pas rencontré mais il m'a toujours passionnée, sa liberté et son art m'ont fascinée au point d'inspirer ma vie de skieuse. J'ai eu envie de construire un récit sur son parcours sportif en l'intégrant dans l'univers du Cirque Blanc, en revenant sur chaque lieu mythique du circuit. J'espère que notre funambule y verra un hommage.

Virginie Troussier

Préface

Il a débarqué sur mon écran télé en 1998 lors des Jeux Olympiques, et je me souviens d'avoir été scotché dans mon canapé en regardant un grand machin tout désarticulé se balançant entre les portes.

J'étais stupéfait de voir un mec skier comme cela, à l'opposé de tout ce que l'on m'avait enseigné. Il ne respectait, au premier regard, aucune base du ski alpin, aucun des fondamentaux techniques. Il se lançait dans les virages couché sur l'intérieur, les bras volant de haut en bas, complètement posé sur l'arrière des skis. Je voyais en live un mec au départ des JO skier littéralement à l'envers!

Je ne me souviens même plus si j'étais moqueur ou stupéfait. Ce qui est sûr c'est qu'il venait de me prouver en une descente tout ce que mon mentor, Stéphane Sorrel, entraîneur des Arcs, s'épuisait à me répéter: «Enak, le ski c'est un sport de glisse...»

Oui, le ski est un sport de glisse, au diable la technique, au diable le ski robotisé! Le ski est un engin de glisse qui se déforme selon le profil des terrains et les appuis du skieur. Le terme «contact ski-neige», que j'ai entendu mille et une fois dans ma carrière, venait enfin de montrer son vrai visage. Il s'appelait Bode Miller. Son ski est le plus félin du monde, Bode est un animal, futé, discret, mais terriblement efficace.

Pourquoi lui seul est-il capable de skier aussi vite? Sûrement parce qu'en course, il est capable d'afficher autant d'abandons que d'arrivées. Le ski est un amusement, le ski c'est de la sensation, le ski n'est pas exercice que l'on rabâche, le ski se vit, la vitesse se crée.

J'imagine très bien le personnage à douze ans, quand les entraîneurs ne cessent de répéter la position idéale, les gestes techniques à adopter. Je le soupçonne de ne rien écouter et de savoir déjà que le plus important n'est pas de placer une ligne d'épaule, ou un bassin, mais juste de faire en sorte que les skis vivent, de les laisser filer et de produire de la vitesse ! On s'en moque de faire des fautes toutes les deux portes. Si l'on commet des erreurs, c'est que l'on va vite ! L'objectif est de s'amuser, aller jouer à la limite de l'équilibre et surtout ne jamais freiner, quitte à tomber, tomber et encore tomber… Mais à douze ans, si on ne skie pas techniquement dans la norme, eh bien on se fait déjà railler par nos camarades, alors on prend le pli. Lui devait déjà avoir assez de recul pour se dire que faire une manche propre, juste, était d'un ennui incomparable !

Franchement, c'est bien plus bandant d'être à la limite à chaque virage, de prendre des risques à chaque porte, de se sentir vulnérable à tout moment, de se battre pour rester debout et d'essayer d'aller encore plus vite ! Bode est un funambule, il tient debout on ne sait comment, il aborde le sport comme un jeu. Ses parents et son mode de vie hippie l'ont certainement influencé. Sans technique de base, il était le premier skieur avec une éducation touche-à-tout.

À tel point qu'il aurait pu être champion de foot, de golf et peut-être même de tennis ! Je mets 1 000 pièces sur le fait que Bode Miller en match de tennis ne prenait aucun plaisir à gagner un point sur un ace. Non, franchement, il devait construire ses points autour de l'essence même du jeu, jouer le contre-pied, l'amorti caché, le lob dissimulé et la volée en contretemps, imaginée au dernier moment. Au golf ? Quand un trou est annoncé comme par 4 et qu'il faut obligatoirement jouer un fer pour arriver sur le green en deux coups, pensez-vous vraiment que Bode allait jouer le petit coup bien pensé, bien smart, pour s'assurer le par? Je ne pense pas, non, et je remets 1 000 pièces sur le fait qu'il sortirait son drive pour passer au-dessus de la forêt, de la rivière, pour slalomer entre les trois bunkers judicieusement placés sur le parcours, afin d'attaquer le green en un coup et tenter un eagle!

Quand on parle de Bode, certains vous parleront de sa carrière, mais d'autres uniquement de ses travers! En ski, des travers, même s'il en mettait entre deux portes, il arrivait à s'en défaire encore plus vite. Alors oui, on peut revenir sur ce qu'il annonce sur le dopage. Mais franchement, ne serions-nous pas tous un peu hypocrites? Quand il a déclaré qu'Armstrong se dopait, on l'a montré du doigt… Quand il a annoncé qu'il faudrait légaliser le dopage, tout le monde s'est insurgé, mais il ne faut pas être dupe. On sait que la recherche antidopage fait de son mieux, mais que les tricheurs ont encore deux ans d'avance… Alors, de mon point de vue, il joue avec les journalistes, comme il joue sur les skis, toujours à la limite de la faute. Car la vie c'est bien plus marrant quand il y a des vagues plutôt qu'un plat infini!

Bode est un « Ricain », avec ses travers mais aussi sa vision du monde. La vision américaine du sport est malheureusement l'inverse de ce que l'on prêche en Europe et dans d'autres pays. Aux USA, à l'entraînement, on travaille ses points forts et on néglige ses points faibles. En compétition, devant un obstacle, un passage engagé, voire dangereux, l'entraîneur américain fait remonter l'information à son coureur en lui disant : « This is a fucking piece of cake! » En France, l'entraîneur dira : « Attention, tu vas te faire sortir, prends de la marge! »

Voilà aussi ce qui fait de Bode ce qu'il est! Pour lui Kitzbühel est une « fucking piece of cake ». Part de gâteau qu'il pourra déguster tranquille autour d'une énorme bière, dans son camping-car avec le staff qu'il a choisi. Car oui, Bode, c'est ce qu'il attend de son staff, il veut de l'énergie positive, il veut une positive attitude, il ne veut pas un maestro de la technique.

On peut faire l'éloge ou non de ce personnage incroyable, une chose est sûre : il possède quelque chose en plus qui fait de lui un immense sportif, un génie, comme il y en a d'autres dans différentes disciplines. Reste que pour moi, il est et restera le plus grand et le plus beau skieur technique de tous les temps.

Enak Gavaggio, alias Rancho, un fan

1

Birds of Prey

Beaver Creek, février 2015

Prêt à s'élancer, Bode Miller se tient au sommet de la vertigineuse Birds of Prey. Le ciel est infiniment bleu, le froid, enfin sec, cingle presque avec bonheur le visage. Le brouillard a englué le massif des Rocheuses ces derniers jours, obligeant les organisateurs à différer de vingt-quatre heures le départ de la course. Les concurrents en ont profité pour affûter leur physique, ils ont aussi tenté de se reposer, mais ce retard a fortement accru la tension, celle qui tord le ventre et gèle les âmes.

Ce matin, derrière la cabane de départ, elle semble épaisse. Les skieurs du premier groupe se préparent. Ils se mettent en condition pour s'élancer sur l'exigeante piste de Beaver Creek, l'une des plus dures du circuit. Il n'y a pas un bruit, à part celui des crochets de chaussures qui se resserrent toujours davantage. Les pieds se compriment progressivement, passant du rouge au bleu, parfois noir, écrasés, déformés, avant de s'encastrer complètement dans la coque et ainsi gagner en précision sur le tracé. Au ski, tout est matière et tout doit devenir fluide. Le rendu des flocons sous la semelle doit s'éprouver, la rigidité des planches, le vent dans lequel il faut s'engager. Non pas pénétrer, non pas s'alanguir, mais s'installer, faire corps avec la nature et le bois de son muscle, la fibre compacte.

Certains coureurs interrogent leurs techniciens, d'autres écoutent les derniers conseils des entraîneurs, la plupart s'échauffent progressivement. Leur tenue est si moulante qu'elle épouse le moindre pli de peau, si ajustée qu'elle semble faite pour observer les formes. Elle laisse apparaître les dorsaux, des armures, et la courbe d'un fessier si galbé qu'il semble en permanence contracté. Mais derrière la force, il y a de la finesse humaine. Les skieurs sont avant tout des perfectionnistes, des esthètes, des acrobates, des sensibles, des folies.

Bode Miller fait preuve d'un calme absolu, la poitrine brûlante comme une forge, la respiration maîtrisée. Il passe tout de même un appel. Il prend des nouvelles de sa mère, rit avec elle, la rassure. On l'entend presque lui confier :

— Je connais bien cette piste, il n'y a aucune surprise pour moi. C'est juste une affaire de sensation et d'envie. Et puis, tu sais, ici, il ne faut pas se poser de questions, il faut y aller !

Bode sait qu'à ce stade de la compétition, le mental, c'est 80 % de la performance. Il regarde qui est au départ, lance des signes et des sourires joyeux à ses concurrents, il s'inquiète sincèrement de la forme de chacun. Les coureurs se scrutent et se comprennent. Leurs nœuds, leurs points, leurs connexions leur sont tangibles. Une veine palpitante le long de la tempe, les regards denses, les mains serrant fort les bâtons, la poigne crispée, tous signaux, même invisibles, le souffle, les lèvres mordues, tout le corps est alerte avant l'attaque.

Bode encourage une dernière fois son camarade de l'équipe américaine, Ted Ligety, avant de s'isoler. Il avale une grande lampée d'air et ferme les yeux. Il imagine le départ : une puissante poussée le propulse dans la pente. Les virages sont sournois, ils accentuent ses appuis sur le ski extérieur. Il enchaîne les courbes, anticipe les mouvements de terrain et garde des repères lointains pour chaque changement de trajectoire. Ses sens sont aiguisés. Il distingue l'ombre des portes sur le blanc immaculé de la piste.

Quand manquent les indications visuelles, l'oreille suffit. On perçoit le martelé des carres, l'accéléré des glisses. Il commence à pousser les feux, il cisaille la glace. Il skie et sent son énergie se diffuser. Il franchit l'arrivée, satisfait. Il rouvre les yeux. Il est toujours derrière la cabane de départ et de la même manière, tous les compétiteurs retracent intérieurement le parcours.

Ils font défiler la piste jusque dans ses moindres reliefs. Isolés dans leurs propres résonances, ils s'agitent tels des pantins aériens. Ils font voler leurs membres fluides dans l'air, muscles figés dans des moules, mollets et cuisses tendus comme des sculptures grecques, et lorsqu'ils font tourner leurs bras pour anticiper un virage, leurs gestes semblent rythmer une danse tribale.

Certains sont comme possédés. D'autres, comme Bode, restent assez calmes, mais tous sont concentrés. Il faut continuer de tourner autour de ces portes imaginaires, au rythme du tracé qui ne les quitte pas, avec lequel ils passent et repassent sans cesse les détails d'une trajectoire et qui reste la seule valable. Ils ignorent à ce moment tout ce qui n'a pas trait à la course. Ils se coupent du monde extérieur pour en bâtir un à leur échelle.

Les coureurs maîtrisent toutes les pistes du circuit. Quand les courbes se suivent à plus de 130 km/h, l'improvisation reste habituellement déconseillée. La glisse doit être instinctive, mécanique. Ils ont mémorisé tous les repères. Ils fixent souvent un arbre, un chalet, une hauteur, pour se positionner et garder une bonne ligne. La moindre erreur sur une bosse, une trajectoire plus basse que celle envisagée peuvent propulser le skieur à plusieurs mètres de l'endroit attendu. Ils connaissent la mécanique des forces, ils dessinent les paraboles parfaites en appréhendant les frottements, les résistances, et la moindre aspérité qui pourrait tout bouleverser. Bode croit que seuls ceux qui flirtent avec un danger sérieux peuvent se sauver. Il est devenu un maître incontestable de la vitesse grâce à un engagement hors du commun, qui le pousse souvent au-delà de la limite du contrôle.

En super-G, comme ce 5 février 2015 aux Championnats du Monde de Beaver Creek, la préparation et la mémorisation sont encore plus importantes qu'en descente. Si en descente, la discipline reine du ski alpin, les skieurs disposent de plusieurs entraînements sur le tracé de la course, étalés en règle générale sur deux jours, en super-G, ils n'ont droit qu'à une seule reconnaissance, à côté du parcours.

Chacun la fait à sa façon. Ce jour-là, à Beaver Creek, elle a commencé tôt. Les coureurs se sont déversés sur le flanc de la montagne, pour inspecter chaque porte, imaginer les trajectoires idéales, se retournant sans cesse afin de retenir les courbes. Les silhouettes des skieurs forment des ombres sur la piste, si longues qu'elles occupent immédiatement les lieux, si grandes que loin d'étouffer la pente, elles l'euphorisent, y tracent des lignes, y ouvrent des diagonales, y inscrivent une présence solide et souple. La reconnaissance est minutieuse pour ceux qui ne laissent rien au hasard, chaque mouvement de terrain s'étudie dans le moindre détail. Bode, lui, est devant, comme à son habitude. La mémorisation du virage crucial n'a jamais fait partie de sa préparation. Il fait confiance à son instinct. Il a préféré ce matin descendre rapidement pour se retirer dans sa chambre d'hôtel et se préparer dans la solitude. Günter Hujara, l'imperturbable directeur allemand de la Fédération Internationale de Ski, le réprimande régulièrement pour cela, mais il ne s'en soucie guère. Il lui est arrivé d'écarter complètement la « réco », à Wengen notamment, en 2005, et il a terminé troisième.

Bode est détendu. Il sait se préparer. Il aborde toujours de manière analytique sa technique et sa façon de l'améliorer. La mémorisation est primordiale, mais l'expérience aussi, car les parcours évoluent peu d'une année sur l'autre. Et de l'expérience, Bode commence à en avoir. À trente-sept ans, il possède l'un des palmarès internationaux les plus impressionnants. Six médailles olympiques, cinq breloques mondiales, huit Globes de cristal et des victoires en Coupe du Monde à n'en plus finir. Inscrite au programme de la Coupe du Monde depuis 1997, la Birds of Prey, la piste des « Oiseaux de Proie », est en outre l'une de ses pistes fétiches. À Beaver Creek, il joue à domicile.

La station de Beaver Creek est située à 170 km à l'ouest de Denver, dans le Colorado. Là-bas, les trottoirs sont chauffés, les hôtels luxueux, on se déplace à l'aide d'escalators au pied d'un domaine skiable époustouflant. L'endroit n'est pas encore un mythe du grand Cirque Blanc, mais c'est déjà une course qui compte. Avant l'ombre de la Saslong à Val Gardena, la spectaculaire et glacée Stelvio à Bormio, l'interminable Lauberhorn à Wengen et la dangereuse et radicale Streif à Kitzbühel, Beaver Creek ouvre souvent la saison américaine avec un tracé exigeant et technique. Cette piste demande du cœur, les émotions sont vives. Bode a déjà remporté ici une victoire en géant en 2005 et trois victoires en descente, en 2004, 2006 et 2011. Cette descente convient parfaitement à ses qualités. Il s'y amuse vraiment, de haut en bas, il n'y a pas deux virages qui se ressemblent, pas deux courbes où il faut utiliser la même technique, ni le même toucher de neige. Bode apprécie la qualité de la préparation de la piste et la variété du tracé. Sa dernière victoire, en 2011, a marqué les esprits tant sa domination avait été totale et sa démonstration parfaite.

Le sommet de la descente hommes se situe à 3483 m d'altitude et l'aire d'arrivée de toutes les épreuves culmine à 2730 m. La Birds of Prey permet de voir les « gros poumons ». Le motif du rapace s'intègre parfaitement, les coureurs ressemblent à des faucons qui replient leurs ailes et plongent dans l'immensité pour attraper leurs proies. C'est une chute libre à dessein. Le ski est l'un des derniers sports extrêmes où l'on atteint de grandes vitesses sans protection ou presque. Les skieurs comptent parmi les sportifs les plus vulnérables.

Le départ se fait sur un énorme monticule de neige, il est raide, mais un long plat attend les coureurs tout de suite après. Il faut alors travailler avec les mouvements de terrain et laisser glisser les skis. Une partie de la course se joue ici : si le skieur perd une demi-seconde sur cette portion, elle sera difficile à reprendre ensuite. Après le plat, ça se corse sérieusement. Cela devient vraiment pentu, et mentalement, le skieur doit changer d'approche. Il faut skier avec hardiesse. Il faut skier avec engagement. L'attaque, ça coule depuis toujours dans les veines de Bode. Quand arrive le fameux virage du filet, le coureur averti sait qu'il s'agit d'un virage osé. Bode le sait bien aussi, à ce moment-là, il regarde toujours devant, il ne pense pas au filet qui se rapproche, peu importe, il skie comme il le sent. On enchaîne avec un deuxième virage, vraiment en dévers, où il faut réussir à garder de la hauteur pour plonger derrière. Une bosse augmente la difficulté à la sortie, mais là aussi, il faut la prendre avec puissance, sur la bonne ligne, pour embarquer de la vitesse. À la fin du mur, c'est le passage le plus rapide. Le dernier virage avant le plat tourne beaucoup. Puis surgit le fameux Golden Eagle Jump, et là, il se passe quelque chose. C'est un saut qui demande du courage, où l'on ne voit pas la porte suivante. Juste après, au passage de l'énorme compression, le mental doit rester solide. La fin approche, mais il ne faut surtout pas se dire que c'est bon, c'est fini. La concentration reste essentielle même si la fatigue se fait sentir, après une minute cinquante de course. Le dernier saut, le Harrier Jump, propulse le coureur à environ quarante mètres. Aucun relâchement, même minime, n'est possible avant l'arrivée.

Bode connaît le tracé de la descente par cœur. En super-G, le parcours est plus court et les portes tournent davantage, mais cette piste garde tout pour elle sur ce type de course : les passages ardus, les sauts, les portions de vitesse et de glisse. Le super-G est certainement l'une des disciplines les plus difficiles, elle combine la grande vitesse et le réflexe technique. Ce que Bode aime par-dessus tout dans le ski de compétition, c'est la prise de risque et la vitesse pure. Il recherche la vitesse « à secouer les noix », le givre sur le visage et le « claquement des portillons sur les mollets meurtris ». C'est certainement pour cela qu'il est l'un des rares skieurs à courir dans toutes les disciplines. Slalom, géant, super-G, descente et combiné. Peu importe le tracé, tant qu'il peut foncer. Et aujourd'hui encore, Bode compte dépasser ses limites.

Il se sent bien. Il n'a plus disputé de course depuis les finales de la Coupe du Monde à Lenzerheide, en mars dernier. Après son opération du dos à la suite d'une hernie discale, il s'était rendu à la mi-janvier à Wengen, puis à Kitzbühel, où il s'était contenté des entraînements. Il n'avait pas pris le départ de la course, mais il avait malgré tout lancé un signal assez clair à ses adversaires. De ses deux doigts, pouce et index levé, formant presque un revolver, il avait lancé, clin d'œil complice, *I'm back!* Depuis, il s'est vraiment entraîné pour être là aujourd'hui. Il donne l'impression d'un être intensément physique, il est sur ses gardes, précautionneux dans ses paroles, immanquablement courtois. Son intelligence s'exprime de manière elliptique, comme à travers un masque.

Une brume légère l'enveloppe et les reliefs prennent leurs distances. Rien n'existe plus vraiment que ses jambes bétonnées et le souffle qui s'impose au silence. Le décor, la beauté des Rocheuses, une pure chimère. Le réel n'est plus que pente. Bode s'approche de la cabine de départ. Cette dernière est pour tous les coureurs un lieu effrayant, où la tension monte, incontrôlable. Ses rivaux soufflent comme des taureaux dans une arène, ils font claquer leurs skis sur la neige glacée. Lui reste immobile et silencieux, regardant fixement les montagnes dans la vallée. Il maintient souvent ce calme impénétrable jusqu'à la dernière seconde. Il tourne la tête, essayant de l'assouplir un peu, sautille légèrement. Il échauffe ses muscles. Il est nu sous sa combinaison en lycra. Il resserre une dernière fois ses chaussures (de deux tailles en dessous de sa pointure normale). Puis il tape ses bâtons, avant de les poser juste derrière le portillon. La plupart des skieurs, à ce moment-là, sont déjà fléchis, le poids faisant vaciller les bâtons, cherchant l'attitude la plus offensive possible. Ils ont devant eux un carrousel géant qui engloutit l'audace. Bode reste droit comme un piquet. Il semble serein, mais garde le couteau entre les dents. Il sait qu'il va opter pour la formule gagnante : ramener tout à la vitesse, se pencher sur l'arrière de ses skis et sculpter des arcs. On s'est beaucoup moqué de la manière dont il descend, de son style non-académique, mais on s'avance rarement pour l'imiter. Les bips retentissent, il offre un coup d'œil à la piste, esquisse un dernier geste de relâchement. Le chronomètre s'enclenche et le dossard 9 jette ses spatules dans la pente.

Et déjà, il attaque. Il s'engage sèchement dès le début de la course. On croirait qu'il accélère dans les difficultés les plus sévères. Le « missile américain », comme on l'appelle, est lancé. Il ne met pas en doute la beauté de la maîtrise pure, les courbes parfaites réduisant les mouvements parasites, mais pour lui, c'est toujours la même ligne bien serrée que neuf compétiteurs sur dix suivront. Bode est plutôt attiré par le sauvage, la vélocité explosive, celle qui détraque les prémonitions, celle qui ne permet pas d'anticiper, il recherche ce moment où chaque parcelle de peau se déforme sous les vibrations, quand toutes les articulations de son corps sont secouées, quand les repères défilent si vite qu'ils en deviennent nébuleux. Pour lui, ne pas aller jusque-là donne une impression de retenue, de demi-mesure, sans vitesse et sans plaisir. Alors oui, il a tout enregistré, il est préparé. Mais la prise de risque reste primordiale pour lui, il sait qu'elle lui réserve de belles surprises. Et c'est ainsi à chaque fois qu'il entre en piste. Bode promet du spectacle. Et le public en raffole.

Ce jour-là, il semble seul au monde, évoluant vers d'autres orbites. On ne sait jamais à quoi s'attendre avec lui, mais dès qu'il apparaît dans le tracé, le public ne décroche plus. Bode soulève systématiquement les cœurs. Pour de nombreuses personnes, il est le dernier représentant d'une lignée de skieurs – porteur d'une émotion singulière, indescriptible – une sorte de héros prêt à tout. Une beauté féroce est née.

Sa course est parfaite. Bode est parti pour nous faire un nouveau numéro. Il coupe juste assez près des portes pour ne pas gaspiller le moindre espace. Il veut être au plus proche. Les angles de son corps créent une réelle puissance, augmentant presque la vitesse de chaque virage. Il est en tête après le deuxième intermédiaire. À 55 secondes de course, il domine le leader d'une demi-seconde, une avance énorme. La foule devient folle. Cette avance fait déjà de lui un candidat sérieux à la victoire. On l'imagine sur le podium. Les virages s'enchaînent rapidement jusqu'à l'Eagle Jump, et la sortie est stupéfiante. Puis subitement on le voit expulsé de la compression, jeté dans la pente, en arrière, tournant sur lui-même dans les airs, avant de chuter brusquement, perdant ses skis, le casque écumant la neige et dévalant la piste sur une cinquantaine de mètres. Il glisse sur le dos durant de longues secondes.

En bas de la piste, la déception est immense. Les deux premiers tiers de la course étaient ahurissants. Après quinze ans de carrière en Coupe du Monde, Bode est toujours prêt à pousser ses propres limites quand il y a de l'or à l'arrivée. Il se relève rapidement. Bien que courbé par la douleur, il reste un roc, sourit, salue la foule et regagne l'aire d'arrivée par ses propres moyens. Durant sa chute, l'un de ses skis a entaillé sa combinaison et son mollet. Derrière la ligne d'arrivée, la caméra fait un zoom sur la blessure profonde et sanglante. La plaie est béante, le tendon sectionné. Les images font le tour de la planète.

Son panache, son caractère bien trempé et sa volonté de vaincre enflamment depuis plusieurs années les supporters. Sa façon de revenir et de rebondir après chaque blessure est appréciée. Bode Miller suscite une formidable ferveur populaire, mais la crainte de devoir déjà conjuguer au passé ses belles descentes sur les pics abrupts commence à germer dans les têtes. La violente chute survenue ce jour semble plus lourde que celles qui ont jusque-là émaillé son parcours.

2

Tamarack Ski Lodge

Années 1980

Le lendemain, Bode est à l'hôpital. Il tend une main hésitante vers son mollet cisaillé, mais l'effroi repousse sa paume gonflée. Il veut plier sa jambe et n'y parvient pas. Comment est-ce possible ? Cette faille si proche le projette dans une incapacité infinie. Il observe les coutures noires, le fil épais qui perce son écorce à intervalles réguliers, formant une grille sur les lèvres de la plaie. Entre ses côtes, sa charpente craque. Sa masse surprend. Sous la blouse en coton blanc, on devine un corps d'une puissance inhabituelle. Les pectoraux saillent sous le tissu. Plus que son imposante carrure, ce qui frappe chez Bode, c'est son visage juvénile, la finesse des traits, pas une trace de coups, pas une cicatrice, une belle rangée de dents blanches et un nez qu'aucun piquet n'aurait même effleuré.

Plus tard, il rassure ses fans par tweet. « L'opération pour réparer le tendon ischio-jambier sectionné de ma jambe s'est bien passée, je me sens chanceux, car les choses auraient pu être plus graves. » Le grand champion de ski, le seul à avoir gagné tant de Coupes du Monde, gît sur un lit d'hôpital. Loin du Cirque Blanc, loin des odeurs d'avant course, celles des pommades, des anti-inflammatoires, de l'huile de lavandin. Loin du claquement répété des fixations au départ, ces clics dynamiques, entêtants, loin du bruit de ferraille des remontées mécaniques et du souffle du vent qui joue des gammes en s'infiltrant sous le casque. Il se tient loin de l'agitation des Championnats.

Bode détient le record de longévité pour un skieur alpin, il disputait peut-être à Beaver Creek son dernier grand rendez-vous. Il devait initialement participer à la descente de samedi, mais ses Championnats sont terminés, a indiqué Alexander Hödelmoser, l'entraîneur de l'équipe américaine de descente. Il avait tout misé sur les Mondiaux cette saison. Opéré d'une hernie discale en novembre, il n'avait participé à aucune course en Coupe du Monde, se contentant des entraînements à Wengen et Kitzbühel. Il espérait toutefois briller à Beaver Creek, il comptait y décrocher la cinquième médaille d'or de sa carrière. Il a connu avec le ski des moments de si grande intensité. Le ski tient une place si complète et si puissante dans sa vie, il recèle de la beauté, de la vulnérabilité, du courage sans limites. Le ski c'était en fait la vie, bien plus qu'un simple sport.

Bode ne le montre pas, mais l'idée d'arrêter la compétition l'effraie. Ne plus courir signifie déserter le Cirque Blanc et ses sauts de cinquante mètres, ses pentes inégalées, des sensations que seul ce sport peut provoquer. Sentir la vie dans les os à chaque saut, à chaque impulsion de pied sur la bosse, le corps compact et secoué, qui reconquiert un autre espace, là où tout croît et s'élargit, s'accorder avec tout ce qui respire. Si la compétition l'a aimanté, s'il a tant travaillé durant toutes ces années, ce n'est pas pour collectionner les trophées. C'est parce que déjà tout jeune, il était connecté à l'extérieur et à son corps physique comme personne. Il aimait toucher le sommet de la montagne et descendre sans freins. Mais aussi parce que rien ne peut procurer une sensation équivalente à celle d'une descente de Coupe du Monde. La tension presque inhumaine, le souffle envolé, lorsque l'on surplombe la glace bleue à une vitesse dépassant toute limite, rendent dépendants.

Il en connaît les dangers, les chutes, les douleurs interminables, la tête à l'envers. Mais les déchirures, les fractures, les poignets luxés, les yeux pochés, les chapelets d'hématomes sont vite oubliés, ne subsiste que le souvenir parfait des extases. Il existe un principe d'intensité unique. Il se souviendra longtemps de chaque geste, chaque piste. Bode trouve aussi son plaisir sur d'autres terrains, il affectionne de nombreux sports. Le ski lui a procuré une précision redoutable, une efficacité gestuelle et une connaissance précise de son corps. Il vit de nombreux plaisirs, mais il aime l'excitation de la vitesse qu'on ne retrouve nulle part ailleurs. Évidemment, il va falloir se relever après cette nouvelle chute. Après les erreurs, il aime l'aspect introspectif d'une course. Le sport n'est que partiellement affaire de victoire, il a aussi à voir avec l'échec. La défaite, la déception, la blessure – voilà des choses que l'athlète doit supporter. Une course permet une connaissance de soi. Elle est une expérience absolue, qui redéfinit les limites des hommes, et peu d'entre eux ont conscience de leurs possibilités. Sur le tracé, ils ne récoltent que ce qu'ils sèment au vent.

Bode pourrait continuer une saison pour relever un dernier défi et peut-être enrichir son palmarès. Se confronter une année de plus au danger et à la vitesse. Comment peut-on remplir une vie sans les sensations de la compétition ? Le skieur devient tributaire, et qui ne le deviendrait pas, de sa propre adrénaline. Le ski permet de toucher des vitesses extrêmes, jamais atteintes pour l'homme sans aide mécanique. Il faut aimer se faire fouetter par les piquets, être catapulté à travers les clôtures de protection, accepter les gelures au visage, engager son corps tout entier, le jeter face aux fauves.

Quand Bode a commencé le ski, il a très vite su qu'il ne pouvait se contenter de rester un skieur ordinaire. Il lui fallait l'équipe nationale. Il était un jeune homme doté de qualités paradoxales : plus complexe, plus enclin à l'autoanalyse qu'il ne semblait disposé à le reconnaître en public. Il a contré de nombreuses spéculations sur son avenir de champion précoce, en répétant aux journalistes que sa vie était très simple. Mais aujourd'hui, tout ne semble pas si facile, il hésite. Il pense à sa famille. Il va être père une nouvelle fois, dans trois mois à peine. Il pense aux jours paisibles et heureux. À sa future responsabilité. À son corps qui commence à souffrir.

Cependant Bode est prêt à tout. Il en a vu d'autres. La résistance à la douleur et au froid, il connaît : il a vécu toute sa jeunesse dans un lieu hostile, sans autre chaleur que celle des bûches coupées chaque année. Il a une certaine morale de l'effort. Les forêts sauvages l'attirent depuis toujours. Enfant, il y passe des heures, cherchant un souffle, un écho, la neige jusqu'aux genoux, apprivoisant toutes les saisons. Il regarde le soleil pour se guider. Il sait lire l'heure dans le ciel. Là, dehors, il ne dépend que de lui et c'est tout ce qui importe. Il se délecte du simple fait d'être seul. Du crépitement des tempêtes de février au calme imperturbable de l'été. Il n'a pas vraiment changé. Franconia est en lui.

Là-bas, l'hiver est long. Le froid gaine la ville, accentue les perspectives, découpe les sons, coupe les gestes et le ciel prend dans tout cela une part surdimensionnée. La terre est rude, baignée de journées à onglées, frappée d'un blizzard propre à fêler les crânes. Franconia est un village dans les White Mountains du New Hampshire qui possède une belle entaille dans sa roche, un grand canyon aux raides parois. Une formation rocheuse étonnante sur le col de Franconia Notch, face aux falaises de Cannon Mountain, dessinait comme un visage d'homme, laissant apparaître un menton pointu, un sourcil distinct, des yeux curieux, une force intérieure évidente. C'était une des apparences humaines les plus parfaitement gravées au monde. Les locaux l'appelaient The Old Man of the Mountain. La roche s'est effondrée le 3 mai 2003. Ce fut une crise pour la région.

Le New Hampshire l'employait comme symbole sur son sceau d'État. Il surveillait, il protégeait, pouvait-on dire, les résidents du village de Franconia. Ses habitants ne ressemblent à aucun de leurs voisins. Ils endurent des tempêtes froides et soudaines. Ils connaissent les écorces et les pierres de chaque bois, chaque montagne. Les enfants de Franconia exploitèrent l'un des premiers téléskis à corde jamais construits aux États-Unis, le long de la rivière Sugar Hill. Ils apprennent aujourd'hui encore à skier là où les terrains le permettent, mais principalement sur le flanc de Cannon Mountain, au nord de la falaise qui soutenait le vieil homme. Ils passent des après-midi entiers à dévaler les pentes abruptes et à bosses qui plongent vers Echo Lake. Ce sont généralement de petites bombes, la plupart d'entre eux sont en jeans et skient sur de vieilles planches. Ils ne se soucient guère de leur style, seul le jeu compte.

Ce fameux téléski révolutionnaire, c'est le grand-père de Bode qui en est à l'origine. Jack Kenney inaugure le domaine de Tamarack Ski Lodge en décembre 1946 avec une corde et une seule piste. Le ski au New Hampshire débute ainsi, à l'aide d'un vieux moteur de voiture. Jack et Peg Kenney ont développé leur affaire peu après avoir acheté un immense terrain, avec une ferme et une grange. Leur rencontre est parfaite, elle a lieu sur les pistes. Peg est à cette époque la skieuse la plus rapide de l'équipe féminine des États-Unis. Elle ne vit que pour sa passion. Jack, lui, est un officier de marine en permission, qui meurt d'envie de recevoir une leçon de ski. Il se promet que, s'il survit à la Guerre, il retournera en Nouvelle Angleterre pour ouvrir une auberge de ski. Dans son esprit, il n'y a pas de plus beau métier que l'exploitation d'une auberge de ce type.

Le rêve se concrétise dans la plus grande joie. Les Kenney possèdent un esprit entrepreneurial irrépressible qui ne manque pas d'audace. Ils vivent difficilement leur premier hiver au Tamarack Ski Lodge. À Franconia, à l'ombre du Mont Kinsman, la température peut se maintenir sous les -20° durant un mois entier et frôler les -40° sur les sommets. Jack tient son journal tous les soirs. Il évoque ses tracas, ses bonheurs, il le remplit de factures alimentaires, d'esquisses pour toutes sortes d'inventions mécaniques, de mots d'inquiétude parfois, mais aussi de notes d'espoir. Le jour où la corde commence enfin à fonctionner correctement, il écrit: «La joie est à son comble! La vie peut être belle! Un skieur utilise notre remontée!»

Le domaine skiable ne réussit cependant pas à rivaliser avec d'autres stations environnantes. À la fin des années 1950, les Kenney transforment leurs terres et leurs bâtiments en camp de tennis d'été, un lieu accueillant, avec des instructeurs compétents. L'objectif est de rendre le sport accessible aux familles. C'était déjà de cette manière qu'ils géraient l'auberge de ski. L'accessibilité réduit les profits, mais ils préfèrent ouvrir leur centre à tous. Le camp de tennis de Tamarack connaît un bel essor. Bode repense souvent au fait que la construction de terrains de tennis lui apprit à regarder une terre et à en voir la configuration, les creux et monticules. Il assimile la géographie des terrains.

Woody Miller rencontre Jo, l'aînée des cinq enfants de Jack et Peg, ici, à Tamarack. Il aime donner des leçons de tennis. Il est médecin, mais préfère venir travailler ici, parfois sans salaire. Il y trouve un refuge à l'abri de la vie réelle, sans difficultés ni obligations. Il aime tellement y séjourner qu'il mettra volontairement un terme à sa carrière. Il désire plus que tout rester sur ces terres en compagnie de Jo. Le camp de Tamarack et la construction de terrains de tennis deviendront leur activité principale. Encore aujourd'hui, ce lieu prospère sous l'impulsion des membres de la famille. Bode en reste toujours un des principaux conseillers. Les grands-parents réussirent à transmettre une structure familiale en inculquant un profond sens des responsabilités.

Jo et Woody sont des personnes indépendantes, toutes deux proches de la nature. Leur livre de chevet s'intitule *Living the Good Life* («Vivre la bonne vie»), de Helen et Scott Nearing, un célèbre manifeste de 1954 sur l'autosuffisance. En 1974, Jo et Woody entreprennent de construire la cabane dans les bois où Bode passera son enfance. Ils s'inspirent de la maison que les parents de Jo construisirent dans la propriété – une grande structure angulaire. Ils veulent une habitation semblable, sans électricité ni eau courante, au cœur des cèdres, des bouleaux, des érables, des peupliers et des sapins baumiers. Ils choisissent un endroit relativement plane, loin de la route, près d'un ruisseau de montagne. La butte au centre de la clairière fait penser à une tête de tortue sortant de sa carapace. L'endroit devient un repère, ils le nomment Turtle Ridge. Ils construisent la première partie de la maison sans outils électriques. Ils retournent la terre. La façade de cette habitation à étages descend jusqu'au bord du ruisseau.

La sœur de Bode, Kyla, voit le jour durant leur premier hiver là-bas. Bode arrive en 1977, puis suivront un frère et une sœur. La maison s'agrandit avec la famille autour d'une cheminée centrale en pierre. L'habitation possède de multiples facettes, avec des alcôves et des toits en pente de toutes parts. L'intérieur est un espace confortable fait de pièces éclairées, de passages irréguliers avec des escaliers artisanaux. Les grandes fenêtres laissent pénétrer la nature environnante. Les troncs vrillés des épicéas, l'odeur forte de résine, les flammes du feu font de cet endroit un refuge accueillant. À proximité, ils installent un sauna. Après une journée de travail à l'extérieur dans le froid, c'est un luxe de rejoindre cette originale structure, ce vaisseau spatial dans le jardin.

Toute leur connaissance est puisée dans la vie quotidienne. Bode apprend l'architecture à mesure que le lieu s'élargit. Il reconnaît chaque contour des sentiers qui s'éloignent du foyer. Le ruisseau se borde de fougères et de mousses, et certaines piscines naturelles semblent assez grandes pour patiner l'hiver. Il se consacre à l'exploration méthodique du torrent. Non pas du haut de ses berges, ni à travers les sentiers du bois qui le traversent çà et là, mais dans l'eau, en plein courant, en sautant de bloc en bloc.

Jo et Woody laissent leurs petits jouer dans cette nature. Pour eux, un enfant découvre son équilibre quand il est challengé. Il faut se sentir emporté vers l'avant, aspiré par le vide devant soi. Sentir la chaleur de son visage épouser la fraîcheur des brumes et ses cheveux coller aux tempes. Palper les nuances des labours, l'immensité. Trébucher, le regard perdu dans les champs boueux ou les ornières gelées, sur toutes les brusqueries du paysage. L'allure qui se tend, le pouls qui s'étrangle et se fait bruyant.

Bode ne verse de larmes que sous l'effet de la vitesse ou de l'air froid. Il est encouragé à explorer le monde qui l'entoure, à se connecter avec le sol par la plante de ses pieds. Il n'y a pas de télévision ni de téléphone chez les Miller, mais de nombreux amis et visiteurs. Les saucisses sont embrochées sur des brindilles et cuites au feu de bois. La chaleur de la communauté est valorisée contre l'anonymat du préfabriqué, la solitude urbaine et les instincts individualistes.

L'objectif de cette vie dans les forêts est de simplifier l'existence. La maison est entièrement chauffée par un poêle à bois qui exige une attention constante. Il manque souvent quelques bûches dans l'approvisionnement hivernal. La famille doit alors ramasser des branches mortes dans la forêt. Jo demande à Bode de faire ce travail. « Les enfants ont besoin d'explorer leurs propres limites » dit-elle. Les échardes les plus perçantes lui trouent le cuir. Il accueille toute douleur avec une rectitude de buis. Il recherche, pour le moindre de ses gestes, l'efficacité. La mère chérit cette connexion entre le corps et la terre, et ce respect pour les deux, une faculté dont jouissent, selon elles, les grands hommes. Bode s'attribue des zones, creuse des champs, construit des édifices, développe des sons, épaissit son écorce. Toujours dehors, concentré, empirique : l'expérience n'est jamais intérieure.

Le sport est une entreprise sérieuse et familiale. Il devient presque plus important que le reste. Les Kenney sont avant tout des passionnés. Leurs enfants sont tous devenus des skieurs qualifiés et dévoués. Bode apprend le fonctionnement du ski américain avec ses oncles. Deux d'entre eux coururent comme skieurs professionnels. C'est sa grand-mère, ancien espoir olympique, qui l'encourage. Lorsque Bode entre dans l'adolescence, elle lui prête de l'argent au début de chaque hiver pour les forfaits saison à Cannon Mountain. Il la rembourse plus tard dans l'année, avec ce qu'il gagne en travaillant sur les courts de tennis de Tamarack. Il passe de longues journées à skier seul. Le ski n'est pas un choix, il s'impose. Il ne faut pas croire que le lieu d'origine influence la pratique. Elle est un désir.

De cette enfance, il ne lui reste qu'un destin à accomplir : courtiser, absorber cette promesse de vitesse. Le ski n'est pas un simple loisir, ni même un objectif, cela devient quelque chose de naturel, comme marcher, respirer. Un sport nécessaire, présent dans les gènes.

Aujourd'hui, il sait au fond de lui-même que s'il met un terme à sa carrière, il perdra une part de ce qui le constitue, de ce qui le lie avec sa terre et son histoire. Il serait pourtant normal d'arrêter, il partirait avec un excellent palmarès et il semble désormais âgé pour la compétition. Les blessures ne faciliteront pas son retour. Mais les parents de Bode ne lui ont pas seulement enseigné un ensemble de règles différentes. Ils lui ont aussi inculqué une façon de voir le monde avec un regard inquisiteur, remettant en question les idées reçues et dociles. Alors le choix n'est pas simple, il souhaiterait revenir à une autre vie, plus douce, proche de sa famille, mais depuis tout petit, tout se passe comme si grâce aux exigences les plus sévères de son être, il pouvait parfois transcender le purement physique, comme s'il pouvait être absous de faiblesse. L'instinct est bien sûr étroitement lié au désir de victoires et de records, mais ce n'est pas au bout du compte la même chose. Il a la vitesse dans la peau.

3

Carrabassett Valley Academy

1991

Bode découvre la glisse à l'âge de deux ans. Tout jeune, il passe des heures dans le froid. Corps transi, muscles compacts, il s'habitue à ces transformations. L'hostilité l'aimante, il se fond dans l'immensité des espaces, il s'enfonce dans le creux des forêts, guidé par son instinct, sa logique. Ses premières descentes ont lieu sur le terrain derrière le camp de tennis de sa famille, avant d'affronter les pentes abruptes et gelées de Cannon.

Chaque jour, la mère de Bode dépose ses enfants en haut de la montagne. Elle fait le choix de déserter les garderies et les écoles. Jo pense qu'il est plus utile de les laisser sur ces sommets, l'essentiel reste de brûler de l'énergie et de se confronter au monde naturel en toute indépendance. Elle revendiquera longtemps ses positions. « Je voulais qu'ils soient des individus qui pensent librement. »

Pendant plusieurs années, Bode skie tous les jours, et peu importe si le froid paralyse les membres. Ses premiers virages prennent forme avec du matériel emprunté, des skis trop longs et des chaussures si grandes qu'il lui faut accorder une attention particulière à son équilibre. Les descentes affermissent ses reins. Il se lance avec un certain mépris pour la retenue. Il exploite son corps selon son intuition pour tourner de manière efficace, il le brusque. Le danger et la vitesse occupent déjà une grande place dans sa vie. Il manque souvent des journées de classe. L'immobilité, le calme et la position assise sont pour lui des synonymes de torture. Il envisage les études comme des freins à sa progression. Sur les pentes il sent qu'il peut exprimer toute sa folie, jouer avec son imaginaire et la réalité, oublier les frontières, contrairement aux enfants de son âge. Il goûte aux délices des champs poudreux, se passionne pour leur géographie et leur exploitation.

Durant quelques années, Bode fait partie du Franconia Ski Club, mais l'entente ne semble pas idéale. Il apprend à skier seul, à s'engager dans des négociations complexes entre son corps et sa gravité. C'est dans ces années-là qu'il découvre son style, un style étroitement lié à la notion de vitesse. Il tente toujours d'avaler les montagnes le plus rapidement possible. Les pisteurs de Cannon l'arrêtent pour son imprudence. Quand ils ne parviennent pas à le rattraper, ils lancent des avis de recherche et le poursuivent, comme un hors-la-loi de la montagne. Quelques années plus tard, fière de son palmarès mondial, la station de Cannon Mountain lui demandera de signer un poster. Il écrira : « Maintenant vous ne m'attraperez plus jamais ! » L'affiche est aujourd'hui suspendue, de manière bien visible, dans le chalet, comme s'il était un célèbre bandit du Far West.

La vitesse intéresse déjà Bode, mais ce n'est pas seulement pour les sensations fortes. Il découvre rapidement, grâce à elle, la physique du ski. Ses concepts se révèlent dans sa chair. Le ski rapide amplifie les forces naturelles. Les jambes tremblent, les bras se tordent dans l'air résistant. Bode comprend tout jeune que s'il parvient à supprimer sa peur pour écouter toutes ces forces, et ajuster son corps et sa trajectoire pour anticiper leurs effets, il pourra réaliser des choses innovantes.

Il est frappé assez tôt par la conscience du danger. Un de ses amis, qui tient un atelier de ski dans la station, percute un arbre sur Cannon Mountain. Bode n'est pas loin ce jour-là, il dévale les pistes comme à son habitude. Il se souvient du corps recouvert dans le traîneau, on lui parle de visage bleu, il revoit les taches de sang sur la neige et l'érable coupable. L'homme décédera peu de temps après. Bode perçoit ce souvenir comme son premier choc sur la réalité du ski.

Un peu plus tard, il est pris dans une avalanche, lors d'une ascension au Mont Washington, la plus haute montagne du Nord-Est, où l'on se vante d'avoir le « pire temps au monde ». Il marche pendant des heures jusqu'au sommet, attendant la glisse avec impatience. Il monte sans économiser ses forces, toujours dans une course contre quelqu'un ou quelque chose, et quand le sentier tire en longueur, il coupe par la ligne la plus verticale. Il marche à grandes enjambées, suivant une carte intérieure qui lui indique des passages où l'on ne voit qu'un flanc éboulé, ou un bloc trop abrupt. Dès les premiers virages, la neige l'encercle par surprise, il sait qu'il doit sortir, garder la tête hors de cette grande masse mouvante, avant qu'elle ne le compresse totalement et l'empêche de respirer. Il retient son souffle, quand il croit étouffer, succombant à la beauté de ce qui arrive, fasciné, les yeux révulsés, une envie de hurler étrangle son larynx. Il ramasse la tension de son corps comme on condense de la matière dans un boulet de canon et se tient légèrement en avant, concentré à capter dans l'épaisseur cotonneuse le plus petit flux de force qui augmenterait sa propulsion et le porterait sans effort. La traînée blanche termine sa course et le dépose au pied de la pente. La famille s'agite en tous sens en criant. « C'était typique de Bode de provoquer un tel spectacle, puis de s'en écarter » raconte sa sœur Kyla. Bode est resté calme, mais il mesure une fois de plus la gravité de la situation et comprend désormais que toutes ses descentes seront des combats contre une puissance supérieure.

À quatorze ans, Bode perd sa grand-mère, le mécène principal de sa carrière naissante. Elle a tant soutenu l'absentéisme de son petit-fils à l'école et tant donné pour qu'il skie le plus souvent possible. Sa mort survient à un moment turbulent dans la famille de Bode. Jo et Woody viennent de se séparer, Woody a quitté le foyer, laissant Jo seule pour élever les enfants à Turtle Ridge. Elle tente alors de rassembler divers flux de revenus. Elle aide à diriger le camp de tennis en été et effectue des travaux de couture les hivers. Jo obtient également à ce moment-là un travail de réceptionniste à Cannon, dont l'un des avantages est l'obtention de forfaits saison gratuits pour toute la famille. Bode continue, encore, passionnément, obstinément, à skier tous les jours. John Ritzo, un ami des parents de Jo et Woody, observe sa pratique autodidacte à Cannon. Il devient le directeur de la Carrabassett Valley Academy dans le Maine (CVA). Il garde en mémoire les descentes audacieuses, souvent époustouflantes, de Bode. Il propose à Jo de l'accueillir, il est même en mesure de lui proposer une bourse.

Située près de la bourgade de Kingfield, à la base de Sugarloaf Mountain, la CVA est un vivier prestigieux pour l'équipe de ski des États-Unis. Il existe plusieurs académies de ski de ce type aux USA. À treize ans, les jeunes athlètes qui ont montré un talent spécial dans leur sport rejoignent une académie sportive. Loin de leurs parents, ils suivent un programme intense, mêlant sport et travail scolaire. À dix-huit ans, les meilleurs (1 % d'entre eux) intègrent l'équipe nationale. Et des années plus tard, ils peuvent envisager la gloire olympique. Tous les athlètes de haut niveau des équipes actuelles de ski et de snowboard des États-Unis sont passés par cette étape. Ils se sont perfectionnés au sein de ces conservatoires de ski ou de snowboard – des institutions bien aménagées, dotées d'installations sportives à la fine pointe de la technologie, regroupant des entraîneurs hautement diplômés, dans un parfait environnement. De nombreux parents paient jusqu'à 25 000 $ par an de frais de scolarité pour que leurs enfants fréquentent ces académies. Un nombre significatif d'étudiants sont admissibles à des bourses partielles ou même complètes. Ce sont des étudiants motivés, disciplinés et studieux. Ils poursuivent un objectif très élevé. Leurs horaires hivernaux sont aménagés afin d'accorder une grande place aux entraînements et aux courses.

Pour Bode, la CVA se présente comme une immense opportunité. Pour la première fois, il sera entraîné par des professionnels. John Ritzo a suggéré des aménagements : il pourra vivre à 30 km du campus avec Sam Anderson, un autre étudiant boursier, qui vit avec sa mère dans une cabane en bois chauffée, accessible uniquement en motoneige durant l'hiver.

Les journées seront intenses. Elles débutent généralement vers 6 h par des étirements et exercices cardio-vasculaires avant le petit-déjeuner. Suivent deux heures de cours dans de petites salles de classe sur le campus, puis les étudiants partent en station pour cinq heures de formation avec leurs entraîneurs. Les cours reprennent de 15 h à 17 h 30. En fin de journée, les groupes se réunissent pour analyser les vidéos, les entraîneurs ralentissant la bande de chaque course avec une précision extrême, image par image. Le dîner est ensuite servi à la cafétéria avant les 90 minutes en salle d'étude. La plupart des étudiants poursuivent leurs devoirs dans les dortoirs, parfois durant des heures. Ils doivent également préparer leurs planches pour le lendemain.

Le ski articule leurs journées, la régularité des courses rythme les mois, celle des séances d'entraînement construit un quotidien. Le ski fait d'eux une famille, tissu de liens solides et complexes, d'inspirations et de tracas. John Ritzo sait qu'il est bon d'accueillir un adolescent et de le pousser à l'école et en sport. Il sait aussi que cela profite au mouvement olympique.

— Les médaillés des grandes compétitions choisissent ce passage supplémentaire pour exceller. Finalement, ils ne sont pas sélectionnés, ils se sélectionnent eux-mêmes. C'est un engagement à vie, confie-t-il à Jo pour la convaincre.

Le haut niveau, c'est une loupe, il exacerbe les forces et les fragilités. Bode se distingue rapidement pour de mauvaises raisons.

Sa position sur les skis, sa technique personnelle, son équipement d'occasion ne favorisent guère son intégration. Avec ses bras se balançant sauvagement et son poids centré sur les talons, il se situe à l'opposé de ce que l'on enseigne. Ses performances sont dues, selon ses entraîneurs, à ses qualités athlétiques naturelles. Quand Bode commence ses études secondaires, il est un joueur de tennis accompli. Grâce à la force de ses jambes, à leur jeu, à l'équilibre et à l'anticipation qu'il a développés sur Cannon Mountain, Bode devient également un excellent footballeur. On lui connaît même des talents pour le basket. Il est modelé par le sport, dévoué au sport. Il est intrépide, peu orthodoxe et rapide.

Les courses dans la rivière que l'académie organise constituent une formation parfaite pour les compétitions de ski. Le but est d'avancer rapidement sur les rochers et les pavés tout en gardant les baskets à sec. Bode avait déjà appris cet exercice, sans savoir que cela l'aiderait plus tard. À mesure que le champ de vision rétrécit, les chevilles apprennent à mesurer le poids de chaque pierre résistante, à ressentir toute angularité ou douceur. Au ski, les muscles et les articulations des jambes ne fournissent pas seulement la stabilité, mais aussi l'intelligence, un flux constant d'informations pour le cerveau. Aller rapidement sur ces roches active chez l'athlète une puissance insoupçonnée dans ses facultés cognitives les plus profondes. Sur cet entraînement-là, personne ne peut le concurrencer.

Ces académies peuvent induire des névroses particulières, en partie parce que les adolescents ambitieux ont tendance à se fixer des objectifs inatteignables. Ils se confrontent au classement et interprètent les résultats comme des fins en elles-mêmes. Le rêve de tout éducateur est de bien rationaliser les gestes, de les rendre plus efficaces et plus nobles. Bode ne se laisse pas influencer, il s'oriente plutôt dans une direction opposée, accordant peu d'attention à ces questions. Il se concentre sur ses propres intuitions de technique et les défend farouchement. Il devient le meilleur skieur de l'école et se révèle le plus analytique. Avec son compagnon Sam Anderson, ils reviennent de nombreuses fois sur leurs courses lors des montées de télésiège. Bode parle de la neige avec rigueur, des mouvements de terrain, des sensations, il étudie ce qu'il vient d'accomplir. Il désire apprendre, veut maîtriser tout ce qui fait gagner une course, de l'équipement à la physiologie. Il est puissant et délié, disponible et curieux. L'interprétation de ses erreurs s'avère souvent différente de celle de ses entraîneurs. Il n'est jamais atteint par une critique. Il reste solide, absolument certain de ce qu'il doit faire. Et il sait par-dessus tout qu'il ne peut compter que sur lui-même. Il faut accroître l'intensité. Il est conscient du travail à accomplir pour l'obtenir.

Tout ce qu'il faut accentuer pour devenir un athlète de haut niveau, à un âge où tout déborde : le travail, la discipline, la volonté. Ce qu'il faut trouver en soi pour tenir et ce qu'il faut aller chercher pour apprendre : le courage, l'extrême concentration, l'agressivité, la répétition infinie des mêmes gestes, l'alchimie d'une combinaison de mouvements, la perfection. Ce qu'il faut accepter : le corps sollicité, transformé, la douleur, le sacrifice, la vulnérabilité. Ce qu'il faut libérer : le plaisir, l'ambition de la victoire, la joie des podiums, la transcendance. Dans ces chambrées, on planche sur les mêmes devoirs, on réfléchit aux mêmes problématiques, on partage la même existence et la convergence des destins mue les solitudes en amitiés. L'entraînement intensif fait partie intégrante de leur métabolisme, se battre est indispensable.

Bode s'améliore durant sa période à la CVA, il gagne même certaines courses importantes, tout en conservant ses techniques décriées. Tous les jours, les entraîneurs lui conseillent de basculer le poids vers l'avant des skis, assurant que c'est le seul moyen de maintenir la stabilité et de lancer un virage. Bode répond de manière systématique, avec certitude et un brin d'affront, que cette position reculée lui permet de sculpter ses virages les plus efficaces.

L'un des premiers entraîneurs de la CVA qui cerne le potentiel de Bode s'appelle Chip Cochrane.

— Bode sait ce qu'il faut faire avec ses pieds. Il se demande toujours comment dévaler les pentes le plus rapidement possible.

Cochrane lui laisse un maximum de liberté pour qu'il invente son propre style. Les témoins de leur relation se souviennent de leurs longues discussions au bord des pistes. Cochrane est une personne indépendante. Il perçoit les origines de Bode, il comprend sa relation intime avec les montagnes, il entrevoit l'éducation formelle minimale dans la technique du ski. Il observe la singularité du sportif. Il le défend auprès de ses détracteurs.

— Il compense ses défauts avec une sensation instinctive du terrain. Il esquisse sa trajectoire, et seulement sa trajectoire. Je ne cherche pas à le dominer. Et je pense que cela l'aide parce qu'il aurait peut-être arrêté la compétition si j'avais eu ce comportement. C'est un bon gars. Il est très intelligent, très pointu. Comme tous les grands artistes, Bode a besoin de liberté. Vous ne pouvez pas le brider. Ces qualités sont cachées derrière l'image qu'il donne, mais il est très introspectif. Et absolument connecté à l'extérieur.

C'est cet entêtement, cette confiance naturelle qui subjuguent ses entraîneurs. Il est toujours capable d'un récit extrêmement précis de sa journée, des écarts de temps qui fragmentent sa course, il connaît à la perfection les appuis qu'il utilise. Sa précision est telle qu'elle excède l'idée même de toute mesure. Sa rationalité se mêle à la ferveur, il devient aux yeux du monde stupéfait un skieur à la fois fou et appliqué.

En mars 1995 ont lieu les Championnats Nationaux Juniors. Bode est convaincu de remporter le slalom malgré les doutes de ses entraîneurs, y compris Cochrane. Peut-être est-ce encore trop tôt. Pourtant, il suffira de quelques secondes pour qu'il éblouisse la foule. Il sera le plus rapide. Durant l'année qui suit, il travaille sur la construction de ses skis. Il est persuadé qu'il faut modifier leur taille. Il souhaite davantage de parabolisme, les tailler à l'image d'un sablier. À cette époque, cette forme existe, mais elle semble considérée comme un facteur déstabilisant. Les skis de compétition sont droits, étroits et très longs pour de meilleures performances. Bode y décèle plutôt un handicap. Il compense le manque de parabolisme en s'asseyant et en pliant le ski. Cette année, il décide de se procurer une paire dessinée comme il le souhaite. Bode aime d'emblée la théorie, y voit de la clarté, de la puissance.

Au début des années 1990, les fabricants de ski commencent à expérimenter un nouveau design : des planches larges aux pointes, étroites au milieu et exceptionnellement courtes. Les seuls disponibles sont des K2 Fours, un modèle récréatif conçu pour les skieurs intermédiaires, leur profil étant considéré comme une béquille pédagogique. Bode rencontre George Tormey, représentant de K2. Ce dernier n'est pas très aimable avec lui au premier abord. Il clame tout haut qu'il skie « comme un chat lancé sur une allée glacée ». Bode réussit toutefois à se procurer une paire. Les skis qu'il obtient sont courts et légers, le contraire des skis de course. Ces K2 Fours feront pourtant sur la piste exactement ce qu'il attend. À mesure que sa vitesse augmente et qu'il incline les skis sur les carres, il gagne en puissance et en précision dans les courbes. Bode monte rapidement chaque ski avec une plaque, permettant une prise de carres plus puissante et une répartition plus large des pressions sur le ski. Il sait que cette combinaison fonctionnera.

Il décide d'utiliser ce matériel pour les Championnats Nationaux Juniors de 1996. Et c'est précisément ici qu'il bouleverse le milieu. Il remporte trois des quatre courses (descente, super-G et géant) et termine deuxième à la quatrième. Ces victoires lui donnent accès aux Championnats Nationaux des États-Unis, qui se tiennent quelques semaines plus tard sur la même pente de Sugarloaf. Il skie encore sur une paire de K2 et il termine troisième.

Selon les critères de sélection objectifs, cela signifie qu'il fera partie de l'équipe nationale de ski des États-Unis. Ce jour-là, il ne porte pas de combinaison en lycra pour la vitesse, il a déniché un habit de ski de fond à la boutique de Franconia. Il le déchire durant la course. Quand vient le moment du podium, il est gêné de monter sur les marches dans cette tenue. Il attache alors une veste rouge à sa taille, ce qui lui donne un air amateur, légèrement insolent.

Son classement étonne. Il ne partait pas favori et pourtant il excella. Bode a non seulement lancé sa propre carrière, mais il a fait comprendre à tous que pour se maintenir, il faudra désormais opter pour un nouvel équipement. Les paraboliques décollent. Cet événement est incontestablement déclencheur, les skieurs veulent désormais des planches de ce type. Le K2 Four a été un coup instantané, il s'est épuisé peu de temps après sa sortie. Daron Rahlves, qui faisait partie de l'équipe américaine, déclarera plus tard que la première fois qu'il avait vu des skis vraiment agressifs en course, c'était aux pieds de Bode durant ces Championnats Nationaux. Il vit réellement comment il était possible de se déplacer latéralement sur les skis. La conduite coupée, le « carving », réduit le dérapage à néant. Et le ski laisse dans la neige une trace impeccable. Cette technique nécessite une puissance musculaire irréprochable. Tout réside dans l'appui du ski extérieur.

Bode continue à expérimenter son ski au bord de la rupture dans le circuit de la Coupe du Monde. Il ne change pas de posture, il conserve ses réflexes les plus vifs. On le qualifie d'imprudent, de « pilote suicide ». Il désire courir dans les quatre disciplines, ce qui exige une grande polyvalence, une adaptation précise. Son engagement lui permet d'allier la puissance, la vitesse et la technicité.

Le slalom et la descente se situent aux antipodes dans le spectre de la course. La descente est la reine des disciplines de ski alpin. C'est la compétition alpine la plus longue, la plus risquée et la plus rapide. Elle combine vitesse et habileté technique et requiert un cœur bien accroché. Les descendeurs atteignent souvent des vitesses frôlant les 150 km/h. La dénivellation varie de 800 mètres à 1100 mètres. Le tracé présente des virages larges, des arcs longs, des sauts, des compressions et de grandes lignes droites. Les skieurs ont le droit de s'entraîner sur le parcours avant la course (cela n'est possible qu'en descente). Il n'y aura qu'une manche chronométrée, le vainqueur étant celui qui réalise le temps le plus rapide. Bode affirme qu'il se sent plus astronaute qu'athlète en descente. La discipline demande une grande puissance et un bon aérodynamisme. Dans une combustion constante, les cuisses agissent comme un amortisseur dans les pentes. Il faut être dur avec ses jambes, dur avec ses nerfs. Les chutes sont fréquentes, elles engendrent des blessures, spectaculaires, parfois des décès. Le facteur risque reste fondamental et génère un grand respect entre les skieurs.

Le super-G est la deuxième discipline la plus rapide en ski alpin après la descente. Le parcours est beaucoup plus court et la dénivellation est un peu moins élevée. Les skieurs effectuent une simple reconnaissance de la piste avant la compétition, et contrairement à l'épreuve reine, ne s'entraînent pas sur le parcours. Le super-G est la discipline la plus récente. Elle requiert un excellent touché de neige à vitesse élevée pour négocier en finesse des courbes plus fermées. Des pointes à 110 km/h ont été enregistrées.

Le géant fait partie des disciplines techniques, car les combinaisons de portes rapprochées et rapides sont particulièrement exigeantes. Chaque skieur effectue deux manches sur la même piste et ses résultats sont additionnés. Cette épreuve demande une grande vélocité dans l'exécution des mouvements, une puissance à l'amorce des virages et un bon contact ski-neige afin de négocier des courbes de rayon moyen et des enchaînements très rythmés.

Le slalom est la discipline la plus courte. Il est caractérisé par des écarts très serrés entre les piquets, qui exigent des changements de direction rapides, en tempo, sur un dénivelé de 180 à 220 m. La compétition comporte deux manches que l'on additionne.

Comme le géant, le slalom appartient aux disciplines techniques. Caractérisé par une rapidité d'exécution et un contact frontal avec les piquets, la discipline demande de la combativité, de la vivacité et une grande agilité.

Enfin, la forme traditionnelle d'une compétition de « combiné » comprend une descente et deux manches de slalom. Le « super-combiné » est une nouvelle variante du combiné alpin, qui comporte une manche de slalom et une descente raccourcie. Les deux courses se disputent le même jour dans un intervalle de temps rapproché et les deux chronos sont additionnés. Le combiné est une épreuve mixte qui allie des disciplines techniques et des disciplines de vitesse. Il récompense les skieurs polyvalents.

Bode connaît des saisons très irrégulières. Il participe aux Jeux Olympiques de Nagano, mais sort du tracé sur les deux courses et se disqualifie. Une collecte avait été organisée à Franconia pour aider la famille à payer leur voyage. Durant la saison 1999-2000, il participe à dix courses de slalom de la Coupe du Monde et ne réussit pas à en terminer une seule. Pendant la saison 2000-2001, il ne termine pas treize des vingt-quatre courses auxquelles il participe.

Les critiques fusent, il les reçoit sans ciller, il continue de percevoir sa constante progression. Bode se fiche de ce qu'on dit de lui. Il ignore le mépris. Il veut aller plus vite que les autres. Cela signifie skier sur un parcours plus court : garder une trajectoire plus droite et ne pas perdre de vitesse dans les virages. On dit qu'il skie comme quelqu'un qui préfère entrer dans une maison en traversant un mur plutôt qu'en prenant le temps d'ouvrir une porte. Il tente de récupérer des secondes précieuses en exécutant des virages qui ne sont pas enseignés dans le domaine du ski traditionnel. On rit, on ne cesse de se moquer, dans les médias et sur les pistes, mais sa confiance en lui est telle qu'il croit pouvoir atteindre des vitesses maximales à travers ses expériences et ses erreurs.

Aux Championnats du Monde de Sankt Anton en 2001, il chute brutalement. Il est transporté d'urgence à l'hôpital où l'on diagnostique une déchirure complète du ligament croisé antérieur, avec un ménisque médial fragmenté. La douleur devient une compagne dangereuse. Il faut l'affronter avec humilité, ne pas chercher à l'éloigner, mais au contraire l'accueillir, la laisser prendre ses marques bien qu'elle menace de vous anéantir. Bode part danser le soir de cette annonce, en attendant l'opération. Le lendemain, on lui annonce que le ménisque est remis en place et que la déchirure complète de son LCA n'est plus qu'une déchirure partielle. Il guérit vite. Le négativisme ambiant ravive sa hargne. On ne croit déjà plus en lui. Ces coupures inattendues l'impatientent prodigieusement. Ce genou instable, ce genou fragile, deviendra son tendon d'Achille.

Alors qu'il est en convalescence, il apprend que l'équipe de ski des États-Unis cesse de le soutenir financièrement. Bode retourne à Franconia et s'emploie à son propre rétablissement. Le fait qu'il ne s'inquiète pas de ce que les gens pensent lui permet d'innover. Il reprend l'entraînement à partir de l'été 2001. Huit mois après l'opération chirurgicale, il finit cinquième au géant de Sölden. Deux semaines après, il remporte la deuxième place au slalom d'Aspen. Puis vient une consécration. Il monte sur la première marche du podium en Coupe du Monde à Val d'Isère en décembre 2001. Frédéric Covili, grand favori, se fait battre, et Bode rafle la première place du géant. La course est sauvage, il perd le contrôle durant un instant et glisse une fraction de seconde sur la hanche. Mais il réussit à faire le meilleur temps des deux manches.

— Après avoir glissé sur la hanche, il a vraiment resserré son attention. Il était là après. C'était tellement beau à voir ! déclare son entraîneur Jesse Hunt.

Il signe ici la première victoire américaine en géant de Coupe du Monde en dix-huit ans. Ils sont tous surpris, sauf lui. Il explique lors d'une conférence de presse qu'il a travaillé ardemment pour ces victoires. Il n'avait que cela en tête. Il dit aussi qu'il avait appréhendé cette course sous tension.

— C'était assez tendu, là-haut. Ce type de sentiment est bon. J'aime quand il y a un adversaire redoutable et favori. Il est devant moi, je fais une erreur et alors je vais au bout de moi-même. Je sors de mes limites. C'est le sentiment que je voudrais connaître pour les prochaines courses.

Cela fait longtemps que Bode s'entraîne en vue d'une victoire comme celle-ci. Il y prend goût et attend déjà voracement la prochaine. Il n'aura finalement pas à patienter longtemps. Le lendemain, à Madonna di Campiglio, il gagne le slalom nocturne. Alberto Tomba, cinq fois médaillé olympique en slalom et géant, annonce aux journalistes :

— Il n'y a aucun moyen de battre Bode Miller en ce moment. Il skie mieux que quiconque dans le monde.

Au slalom d'Adelboden en janvier 2002, il confirme sa percée en s'imposant avec une avance record sur ses poursuivants et en reléguant son dauphin Kostelic à 1,92 secondes. Malgré une forte concurrence, il remporte le slalom de Schladming, son troisième de l'hiver et le dernier avant les Jeux Olympiques, dans une ambiance folle. Les Jeux de Salt Lake City se profilent à l'horizon, les journalistes continuent d'évoquer son style disgracieux et ses prises de risque insoutenables. Ils parlent à nouveau d'imprudence. Bode réplique qu'il demeure indissociable de sa capacité à skier, contrairement à d'autres. Il travaille dur, il anticipe les erreurs et apprend beaucoup. Il est satisfait de sa progression et tente d'aller toujours plus loin.

Pendant les premières années de Bode sur le circuit de la Coupe du Monde, les concurrents se réunissent autour de vidéos pour regarder ses courses. Ils veulent comprendre le secret de sa ligne beaucoup plus directe que les autres.

— Nous le regardons attentivement, sa trajectoire défie souvent la raison, déclare le skieur américain et coéquipier de Bode,

Erik Schlopy. Il est très peu orthodoxe, mais il est évidemment rapide. En revanche, je ne recommanderais à personne de copier sa technique.

Bode a transformé son approche indomptable en quatre titres de Coupe du Monde, bouleversant cette saison. Comment fait-il ? La question est désormais de savoir si son style électrique brillera sous la pression des prochaines compétitions. Les Jeux Olympiques arrivent à domicile. Certains événements sportifs coulent encore dans nos veines. La puissance qui s'en dégage au moment de l'exploit les ancre dans l'histoire. Les Jeux changent notre vie. Ils pourront le rendre célèbre ou ridicule en quelques minutes.

— Bode vit avec une mission et son propre plan pour y aller. Il va tout gagner ou alors s'écraser, explique Cochrane.

4

Jeux Olympiques de Salt Lake City

Février 2002

Après avoir été longtemps ignoré, le ski alpin est devenu, en moins d'un demi-siècle, le sport le plus médiatisé de toutes les disciplines olympiques d'hiver. Il y eut dans le passé de nombreuses controverses au sujet du statut – professionnel ou amateur – des coureurs. Les dirigeants du mouvement olympique tenaient absolument au principe d'amateurisme pour les athlètes admis aux Jeux. En 1972, le président du Comité International Olympique (CIO), Avery Brundage, demanda même l'exclusion du skieur autrichien Franz Klammer des Jeux Olympiques de Sapporo. Ce dernier avait selon lui enfreint les règles en utilisant son image à des fins publicitaires. Brundage quitta ses fonctions peu après et ses successeurs ouvrirent le mouvement olympique au sport professionnel.

En 2002, Salt Lake City accueille les Jeux Olympiques d'hiver dans un climat anxiogène. Les cas de corruption avérés au moment de la désignation de la capitale de l'Utah par le CIO ont marqué le début des festivités. Par ailleurs, les États-Unis restent profondément affectés par les attentats du 11 septembre. Le monde de l'olympisme se retrouve dans une ambiance fébrile et un contexte ultra-sécuritaire. La cérémonie d'ouverture est placée sous le double sceau de la célébration de l'esprit olympique et d'un hommage aux victimes des attentats. Le président américain George W. Bush, accompagné de plus de 2 500 athlètes, 77 délégations représentant autant de pays et plus de 50 000 spectateurs assistent à ce lancement. Une immense clameur patriotique enveloppe le stade. Le drapeau de Ground Zero, retrouvé dans les ruines du World Trade Center, est présenté solennellement au public et ouvre le défilé des délégations. Le directeur général du CIO, François Carrard, a souhaité « un défilé solennel et empreint de dignité ». L'Amérique doit montrer au monde entier que sa volonté de puissance et d'unité n'a pas été ébranlée. La cérémonie, intitulée *Light the fire within* (« Allumez la flamme en vous »), célèbre l'Ouest américain.

Trois lieux de compétition seront utilisés pour les épreuves de ski alpin. Le domaine de Snowbasin accueillera la descente, le super-G et le combiné alpin. Il est situé près de Huntsville, dans la forêt nationale de Wasatch-Cache, à environ 87 km du village olympique et à 53 km au nord-est du centre-ville de Salt Lake City.

La descente, baptisée la Grizzly, a été dessinée par le champion olympique de la spécialité en 1972, le Suisse Bernhard Russi. Son tracé est considéré comme l'un des plus difficiles du circuit et commence par un terrain de plus de 70 % à partir de la cabane de départ, située à 2831 m d'altitude. Elle devrait couronner un bon technicien. La dernière et la plus importante partie est une falaise enneigée appelée Buffalo Jump. Son nom provient des premiers chasseurs de cette partie de l'Utah qui essayaient de jeter les buffles dans le précipice. Le terrain sous le rocher était si raide que les buffles tombaient sur plusieurs centaines de mètres, constituant un sacré butin. Le slalom géant est prévu dans la station de Park City, située à 45 km du village olympique et à 54 km de Salt Lake City. Depuis sa construction en 1963, cette station a accueilli de nombreuses épreuves de Coupe du Monde. La station de Deer Valley accueillera le slalom. Elle est située près de l'historique petite ville minière de Park City, à environ 58 km au sud-est du centre-ville de Salt Lake City.

Ces Jeux Olympiques ne s'annoncent pas comme les autres. Il existe depuis peu une rivalité entre la nation de ski jusqu'alors dominante, l'Autriche, et une puissance étonnante et émergente, les États-Unis. Le duel débuta un an plus tôt aux Championnats du Monde de Sankt Anton, lorsque Daron Rahlves vainquit Herman Maier et ses coéquipiers, en décrochant l'or en super-G devant le public autrichien. Maier est le grand absent de ces Jeux, gravement blessé lors d'un accident de moto l'année dernière. Rahlves demeure le candidat américain le mieux noté en super-G et en descente. Son coéquipier Erik Schlopy a progressé en slalom géant, mais la vedette de l'équipe s'appelle Bode Miller.

En ce début de mois de février, tous ces athlètes sont prêts et s'apprêtent à sortir de leurs carapaces humaines. Sur les côtés des pistes, quand le terrain atteindra 74 % et se recouvrira d'une membrane lisse de glace, ils brilleront devant les yeux du public à 130 km/h, prenant des angles dangereux. Il est difficile d'expliquer exactement à quel point les pistes de descente sont raides. Les meilleurs skieurs ont dompté leurs corps pour faire des choses a priori impossibles.

En 2002, les skis paraboliques n'ont plus à prouver leur succès, mais ils présentent depuis peu un nouveau danger. Les virages plus rapides et plus serrés ont augmenté les blessures aux genoux. Les ruptures du ligament croisé antérieur se sont multipliées ces dernières années. On ne compte plus les cicatrices. Les skis nécessitent une forte musculature pour contrecarrer les effets de la gravité. À la moindre erreur, le skieur est expédié vers le ciel comme sous l'action d'un ressort. Les responsables internationaux ont réagi à l'irruption de ces blessures en imposant des minimums pour la longueur des skis en compétition et des limites pour la hauteur des plateaux élévateurs sous les semelles des chaussures, un autre outil permettant un meilleur effet de levier. Un contrôle est désormais effectué à chaque départ. Le rayon du ski et sa longueur sont aussi vérifiés. Les coureurs ont tout tenté pour passer outre ces mesures, prêts à tout pour une victoire, jusqu'à pousser les limites de leurs corps. Entre les mains resserrées sur la poignée des bâtons et la plante des pieds, entre les pieds et les skis affûtés, tout se contrôle, excepté la fusion des muscles d'acier.

Aux Jeux Olympiques, il faut être prêt mentalement. Il s'agit d'une course d'un jour. Les athlètes y ont consacré des années d'entraînement. Il y aura ceux qui resteront anonymes dans leurs humbles efforts, il y aura ceux qui marqueront les esprits et l'histoire. Le 13 février 2002, les trois séries du combiné seront courues le même jour, pour la première fois dans l'histoire olympique. La journée s'annonce très ventée. Bode aime le combiné, mêler la vitesse et la technique. On croise les opposés. Il s'agit du test ultime pour mesurer la polyvalence d'un skieur. La descente n'est pas la spécialité de Bode, mais il lui est déjà arrivé de se classer parmi les dix premiers. Il ne raffole pas des longs skis. Si cela ne tenait qu'à lui, il dévalerait les pistes les plus dangereuses du monde avec des skis plus courts. Se pliant aux restrictions, il se promet de redoubler d'énergie et de fougue.

Au départ, les guerriers sont là. Kjetil André Aamodt, le Norvégien, qui détient le record du nombre de médailles olympiques et mondiales, se lance, et presque sans surprises, signe le meilleur temps de la descente. Aamodt est l'un des rares skieurs de ce niveau à reconnaître que la peur le tétanise parfois au départ. Bode, au sommet de la piste, est prêt à tout. Il n'inspecte pas minutieusement la qualité du terrain. Ses yeux se perdent au loin. Car se pencher de la cabine pour y voir de plus près ne serait que l'assurance de ne rien voir apparaître. C'est au bord de sa confiance que tout se joue désormais. Les automatismes sont créés, c'est en lui que tout s'anime. Avant le déclenchement du chronomètre, le cœur bat quelques secondes dans le vide. Le temps d'oublier où l'on est et de pouvoir s'engager.

Jusqu'à la dernière section du tracé de cette piste appelée « Know you don't » – une version abrégée de la piste de descente olympique traditionnelle – il conserve un temps très respectable malgré quelques coups de freins. Mais vers la fin, à environ 60 km/h, Bode chute sur la hanche et se dirige tout droit, incontrôlable, vers les traceurs et entraîneurs, proches des filets. Il dévale la pente, et de manière spectaculaire, se redresse grâce à sa grande puissance corporelle. Se lever ne semble qu'une partie de cette reprise miraculeuse. Bode déplace ensuite le poids de son ski droit vers le ski gauche, exécute un virage serré et monte sur le saut Buffalo avec suffisamment d'équilibre pour atterrir et reprendre une bonne trajectoire.

Miller est le cauchemar d'un puriste. Bien qu'il possède le jeu de jambes le plus rapide et le plus dynamique de tous les skieurs, son corps peut être secoué aussi brutalement qu'un pantin. Derrière Aamodt à 2,44 secondes après la descente, Bode pense réduire la différence de temps dans le slalom et remonter dans le classement. Cela ne fonctionne pas, il ne skie pas de manière fluide dans la première manche du slalom. Il signe exactement le même temps qu'Aamodt, gardant alors le même déficit. La course continue et tous les athlètes attendent les prochains concurrents pour obtenir une idée du podium. Plusieurs skieurs tombent dans ce premier slalom, ce qui le fait remonter au classement. Il pense à la médaille de bronze.

Au départ de la deuxième manche, Bode est poussé par une foule électrique qui chante et clame « Bo-de », « Bo-de », « Bo-de ». Il veut tout donner. Il donne tout. Bode ferme l'écart, remontant de la cinquième place à la deuxième place, dans une course étonnante. Kjus commet une grosse faute sur le second parcours, et rétrograde dans les mêmes proportions. Le skieur d'Oslo, Aamodt, remporte l'or. Bode est tout proche, à 28 centièmes, suivi de Benjamin Raich à 70 centièmes. C'est comme si les nerfs se relâchaient d'un coup, libérant le sang pour le ramener en direction des artères. C'est un formidable soulagement, l'impression fugace d'échapper à l'attraction terrestre, de ne plus rien peser. Les écarts sont faibles.

Aamodt est brillant. Il fait partie des polyvalents, capables d'enchaîner les différentes disciplines avec la même régularité en s'adaptant parfaitement. Il doit beaucoup à son père qui l'a encouragé à tester les skis alpins et à oublier les planches de ski nordique comme il est de coutume en Norvège. Son père l'applaudit avec ses supporters, ce jour-là, en bas de la course. Il s'est engagé tout au long de sa carrière auprès de lui pour qu'il réussisse. Quand Aamodt vit skier Bode, il déclara le soir à la presse:

— Je n'ai jamais vu quelqu'un skier aussi vite que ce mec. Lorsqu'il parviendra à contrôler sa vitesse et arriver en bas de toutes les courses, il sera imbattable. Il a ce glissé unique, cette touche de folie, de défi et de grâce, il n'y a qu'un artiste capable de ça, la grande classe.

Il retourna ensuite vers la ligne d'arrivée pour finir de suivre l'épreuve, sûr d'avoir vu là l'étoffe d'un champion, sûr d'avoir tout compris de l'homme. Bode est fier, ce 13 février 2002, de lui serrer la main au moment de monter sur le podium. Il faudra attendre huit jours avant de courir la prochaine compétition.

— Avant une course, je ne suis pas nerveux, mais mon corps est serré. Je reçois la bonne quantité d'adrénaline pour faire ce qu'il faut faire.

Il réussit parfois des prouesses qu'il ne soupçonnait même pas. Mais c'est le jeu et c'est ce qu'il aime: la surprise. Ce sont les audaces qui font les descentes.

Le géant est prévu le 21 février. La pente est moins raide et moins verglacée que celles auxquelles les coureurs sont habitués en Coupe du Monde. Alors le moindre écart peut prendre des proportions rédhibitoires. La piste Craig Badami (du nom du fils de l'ancien exploitant de la station) possède à mi-course une pente de 58 %, et un final d'une vingtaine de secondes. Ils sont nombreux à prétendre succéder au palmarès de Maier. Le Français Frédéric Covili, le Suisse Didier Cuche, l'Autrichien Stephan Eberharter, le Suédois Fredrik Nyberg, l'Autrichien Benjamin Raich et bien sûr Bode. Le Suisse Michael Von Gruenigen, champion du monde en titre, et le Norvégien Kjetil André Aamodt qui rêve ici d'un triplé, après ses succès en combiné et dans le super-G, ne sont pas à négliger.

Les coureurs craignent une neige abrasive. L'Utah prétend avoir *the greatest snow on Earth**. La région de Park City est réputée pour avoir la neige la plus sèche au monde. Elle ne contient que 4 % d'eau contre 11 ou 12 % dans la plupart des stations. Ce jour-là, le vent souffle toujours aussi fort, les rafales secouent la cabine de départ.

Bode est prêt, son rituel d'échauffement a débuté, il serre ses crochets de chaussures. Même après les années, cela reste une longue torture. Il porte son regard où tout est pur, au-dessus des nuages de la pesanteur. En ses yeux bleus comme les glaciers se condensent des énergies invisibles. Ses regards, presque magnétiques et des plus expressifs, semblent percer le temps et l'espace, dessiner l'intégralité de la trajectoire idéale. C'est là, dans le périmètre blanc d'une piste, ouvert à tous les calculs de probabilités, qu'il fend la neige avec instinct.

Les concurrents se lancent. Ils courent contre le temps, l'air du temps, et leurs tentatives, précisément, de percer l'air avec leurs casques et positions profilées témoignent de cette lutte. Ils filent comme des fusées et le verdict tombe. Bode termine septième à la première manche, à une seconde environ du premier, Stephan

* La plus belle neige au monde.

Eberharter, celui qui domine la saison actuelle de la Coupe du Monde. Longtemps dans l'ombre de Maier, Eberharter désire briller ce jour, les drapeaux autrichiens dans la foule lui font déjà signe. Il veut être couronné d'or pour venir compléter le palmarès de ces derniers jours : le bronze en descente et l'argent en super-G. La pression semble épaisse pour cette deuxième manche.

Bode adore ces situations : revenir de loin. Septième reste une très modeste place, sa stratégie se dessine clairement : il n'y a plus rien à faire, juste skier à s'en arracher la peau. Il a toujours préféré de loin cette méthode, il n'apprécie pas qu'on vienne lui demander d'assurer la course, de se contenter de finir l'affaire. Pour lui, il est important de terminer, et encore plus de gagner. Et aujourd'hui, il doit récupérer une seconde. C'est beaucoup. « Au diable la douceur » devient son adage. Il signe un excellent temps grâce à une agressivité féline. Électrisée par de puissantes décharges d'adrénaline, sa position augmente l'énergie en tous sens. La force pure n'est pas ce qui gouverne les pentes. S'il doit être vigoureux, adroit et rapide, le rôle de l'intelligence n'y est pas moindre. Le parfait skieur est celui qui s'est rendu maître de son corps et sait obtenir de soi, au dixième de seconde favorable, une trajectoire suivant un angle bien calculé. Beaucoup voient clairement ce qu'il faudrait faire, mais peu l'exécutent parce qu'ils ne sont maîtres ni de leurs émotions ni de leurs mouvements.

Une minute, huit secondes et trente centièmes. C'est un temps excellent. Il faut ensuite attendre le passage des six derniers concurrents en espérant que son chrono tienne. Eberharter qui a remporté la première manche part cette fois-ci dernier. Il connaît le temps de Bode avant de commencer sa deuxième course et il sait que personne d'autre ne l'a rattrapé. Sa dernière manche est précise, rythmée par une vitesse constante, sans fautes, à peine 3 centièmes de plus que Bode. Il conserve ainsi son avance et Bode remporte l'argent. Bode applaudit Eberharter dans la zone d'arrivée. Ce dernier renverse ses skis et s'allonge sur le dos, il s'étend durant plusieurs secondes. Il a voulu tout donner en haut de cette deuxième manche. Il avait été déçu par ses deux dernières médailles, il souhaitait tant monter sur la première marche du podium. Ses espoirs s'étaient envolés, le géant n'étant pas sa discipline favorite. Les médias le rejoignent, on l'interroge sur ce qu'il a pensé, allongé dans la neige, il sourit et répond :

— J'ai pensé : enfin…

Et puis il ajoute :

— Je me suis dit : je dois me lever. C'est une bonne journée.

Le Norvégien Lasse Kjus remporte le bronze. Bode a rattrapé le temps de cinq des meilleurs skieurs du monde dans cette deuxième manche. Il l'a fait dans une épreuve qui n'est pas sa spécialité. Il n'a pas repris l'avantage sur Eberharter, mais il l'a inquiété jusqu'à la dernière poussée de bâtons.

— Bode Miller est un coureur redoutable, un brillant avenir l'attend, déclare le grand gagnant. Il a, comment dire, un style fou. Mais il est rapide et c'est tout ce qui compte.

Bode est satisfait. Il avoue à la presse que courir contre Erberharter, Schlopy, Kjus, Aamodt, Raich ainsi qu'une dizaine d'autres coureurs de ce niveau avait rendu la victoire encore plus difficile qu'il ne l'avait imaginée et avait rehaussé son jeu. Il devient le premier Américain à remporter une médaille olympique en géant et en combiné, alors l'équipe est déjà comblée. Il ne reste plus qu'à attendre son épreuve phare : le slalom.

Les battements du cœur se font sentir jusqu'à la périphérie du corps. Jusqu'à la main, jusqu'à l'extrémité des doigts. Là où, comme une blessure, les forces s'écoulent. Les journées de course sont différentes. Les coureurs sont concentrés sur leurs objectifs. Le 23 février sera tout aussi singulier. La journée commence par la reconnaissance du parcours. Les skis dérapent autour du tracé. Seuls, les bruits des carres cisaillent l'atmosphère. Tous les coureurs savent qu'il y a deux fois 40 secondes pour réussir, et que cette chance se présente tous les quatre ans. Cette notion change tout dans l'esprit d'un sportif. Il faut ensuite s'échauffer et passer les bâtons derrière le portillon. Chacun sait qu'il faut souffler, se surpasser, aller au-delà de ce que l'on est capable de faire, et surtout prendre du plaisir. Il faut savoir mêler la vitesse, l'engagement et la prise de risque. Bode skie ce jour-là « pour une couleur différente ». Il n'a pas eu peur de le clamer. Et il ne pensait pas réellement au bronze. Sa première manche est brillante. Il finit deuxième, derrière le Français Jean-Pierre Vidal.

Mais rien n'est gagné. Il faut renouveler la performance, ne pas perdre en concentration. Il faut supporter l'attente entre les deux manches, rester concentré pour la deuxième reconnaissance. Les premiers partiront les derniers. Le silence dans la cabine de départ est ce jour encore plus tranchant. Cette deuxième manche s'annonce beaucoup plus rude physiquement. C'est l'un des entraîneurs de Bode qui a tracé le parcours, les virages sont plus serrés que ceux de la première manche. La neige n'accroche pas, elle roule sous les semelles. Bode part avant-dernier et quand il s'élance, il attaque sans relâche. Il se jette sur le terrain avec « l'abandon incontrôlé d'un homme poursuivant son chapeau au vent ». Il s'engage furieusement dans une de ces descentes qu'il affectionne tant, celles du tout ou rien. Il le dira quelques heures après :

— J'étais en feu !

Mais le slalom est un pari, il convient de contrôler sa vitesse, et Bode sort brusquement à un tiers de la course, devant son public.

— J'allais très vite et je venais d'exploser.

Il se désunit, redevient un corps composé de parties distinctes, morcellées, il bascule et le temps lui-même s'allonge à nouveau sur l'horizon. Il ne donne plus à voir qu'agrippements mal assurés sur la pente, et les balbutiements de ses jambes hébétées n'inspirent plus que pesanteur et impuissance. Il a trop forcé, trop glissé, mais, dans un profond respect pour son sport et son public, il remonte le tracé pour terminer la course. À ce moment-là, les commentateurs français excités par la victoire nationale à venir soulignent la beauté du geste de Bode. Luc Alphand clame :

— Regardez comme c'est courageux ce que fait Bode Miller, c'est sportif, il reste avec son public, il n'y est plus du tout, mais il continue.

Bode est épuisé mais il garde ses élans. Il déclarera plus tard :

— La semaine précédente, j'avais skié si fort au combiné que je m'étais presque évanoui à la zone d'arrivée. Il ne me restait plus une seule parcelle d'énergie en moi.

Il veut terminer sa course malgré tout, et on ne peut qu'éprouver une certaine peine, une certaine empathie, une grande amitié pour Bode, ce pantin désarticulé qui tente, malgré son immense fatigue, de faire au mieux. Il est désormais hors course, la route vers la victoire s'annonce claire pour Vidal, qui reste concentré pour remporter la première médaille d'or française en slalom olympique depuis Jean-Claude Killy en 1968.

Son parcours jusqu'ici fut semé d'embûches. En mars 1999, lors des Championnats de France de descente à La Clusaz, il chute à l'entraînement, provoquant une rupture des ligaments croisés sur les deux genoux. Il passe quarante-cinq jours en fauteuil roulant. Plus d'un an plus tard, il revient en slalom, avec des résultats irréguliers au départ. Durant cette saison 2001-2002, il remporte sa première course en Coupe du Monde en décembre. Son dernier slalom avant ce jour est Schladming le 22 janvier où il finit deuxième derrière Bode. Ces deux-là savaient qu'ils se retrouveraient à Salt Lake City. Finalement, Vidal remporte ce jour la victoire, suivi de Sébastien Amiez, son ami français et d'Alain Baxter. Vidal a réussi à contrôler sa course tout en restant agressif. Bode était pratiquement assuré d'une troisième médaille d'argent à Salt Lake City s'il avait joué la sécurité dans la deuxième manche. Mais rien n'est plus excitant qu'une course vers l'or. Vidal confie en bas du tracé :

— J'ai travaillé très fort pour arriver ici, pour récupérer mon corps. Bode était l'homme à battre aujourd'hui, mais il avait besoin d'une très bonne deuxième course et il ne l'a tout simplement pas faite.

C'est la loi du slalom. Dix-sept skieurs n'ont pas terminé leurs premières courses, dont trois concurrents classés dans le top dix des meilleurs skieurs du monde. Bode cache sa déception mais reste satisfait de son palmarès.

Le slalom masculin clôture ces Jeux Olympiques. L'équipe de ski alpin des États-Unis espérait remettre en cause la suprématie des Autrichiens. Ces derniers ont remporté huit médailles, dont deux en or. Les États-Unis repartent avec deux médailles d'argent, toutes deux gagnées par Bode. Les nations traditionnelles ont continué de remporter la plupart des récompenses. Le Norvégien Aamodt compte aujourd'hui sept médailles, un record pour un skieur alpin, dans quatre éditions des Jeux Olympiques. Stephan Eberharter, le skieur le mieux classé cette saison, a réussi à nous faire oublier Maier. Les Autrichiens quittent l'Utah comme ils sont arrivés, confiants. Malgré les prédictions des Américains, ils restent les meilleurs du monde sur les skis.

— Nous sommes une petite nation, a déclaré Eberharter, mais nous savons comment skier. C'est ce que nous faisons de mieux, et il a toujours été important pour tous les Autrichiens de le montrer au monde entier.

Il n'est pourtant pas sûr que l'on retienne uniquement la grande performance d'Eberharter et de l'Autriche en général. On se rappellera surtout le mouvement des pieds de Bode Miller. Regardez comme ils ne quittent presque jamais la neige. Et regardez sa trajectoire. Il est plus rapide parce qu'il choisit une ligne plus osée que les autres. Il dit que ceux qui s'opposent à son ski pour des raisons esthétiques « confondent la vérité avec la beauté. La forme parfaite peut être belle, mais dans le ski de compétition, les temps gagnants se traduisent par la vérité ». Il a dans les yeux un éclat brûlant, une conviction peut-être encore plus solide que ses jambes. Derrière cette exaltation fougueuse se cache une féroce détermination. Sans sa foi, il n'aurait jamais pu soulever des montagnes. La demi-mesure en ski n'existe pas pour Bode. Il aime sentir ses articulations vibrer. Sa réputation a déjà changé. On ne l'appelle plus le pilote suicide. Il devient désormais le missile américain.

5

La Corviglia

Saint-Moritz, février 2003

Au début de l'hiver, les équipes américaines traversent l'Atlantique pour rejoindre les Alpes, berceau des compétitions de ski alpin. Bode aime courir sur ces pistes vertigineuses dont il a souvent rêvé plus jeune. C'est un homme de terrain, c'est ici que naît l'aventure, que sont les risques, que vit son corps. Ce qui lui plaît, c'est travailler le réel, faire jouer les paramètres, se placer au ras des pentes, proche de la matière brute, pour s'y déployer.

Saint-Moritz est une immense référence dans le circuit. Elle accueille chaque année une Coupe du Monde. Cette saison, elle organise les Championnats du Monde. Cette compétition a été créée par la Fédération Internationale de Ski (FIS) en 1931. Contrairement à la Coupe du Monde, elle récompense les skieurs sur une seule épreuve, pour laquelle chaque pays ne peut aligner plus de quatre coureurs. Ils ont lieu tous les deux ans. L'Autriche reste le pays le plus titré de l'histoire des Championnats (avec 275 médailles dont 92 titres), suivi de la Suisse et de la France.

Saint-Moritz est connue pour son élégance, ses mondanités. Là-bas, les chalets alpins se nichent entre les hôtels de luxe. Ses sommets offrent une glisse panoramique, ouverte sur la vallée de la Haute Engadine, large et lumineuse, perchée à 1 800 m d'altitude, à l'est de la Suisse, dans le canton des Grisons. Les dômes enneigés surplombent de nombreux lacs et les villages typiques et charmants de Pontresina, Celerina, Champfèr, Silvaplana, Surlej, Sils-Maria entourent les pistes. Saint-Moritz est ainsi faite, mêlant la haute altitude des pentes américaines et le relief des Alpes. Sur les flancs de la montagne les flammes d'or et de bronze des mélèzes illuminent le vert tranchant des sapins.

À 3 057 m, on atteint le Piz Nair (« Pic Noir », en référence au schiste rocheux), qui surplombe les pentes sinueuses, les combes cachées. C'est ici qu'est donné le départ de la descente hommes, tout juste modifié pour ces Championnats du Monde. Il se situe précisément à 2 840 m d'altitude, en pleine pente, encastré dans la falaise du Piz Nair. Il est le plus abrupt du monde. Cette pente, qui présente une déclivité de 45°, permet aux skieurs d'atteindre les 140 km/h en six secondes à peine. Aucune autre piste n'offre pareille piqûre d'adrénaline. Elle a été baptisée Free Fall, ou « chute libre ». Pour l'atteindre, il faut gravir 187 marches, skis sur le dos. Le sommet de la fameuse Corviglia se mérite.

Le tracé ne manque pas d'originalité non plus. Bernhard Russi, le plus réputé des architectes de descente, a construit un parcours spectaculaire avec sept sauts. Pour le plus grand, il a créé un angle spécifique, donnant l'impression au spectateur de voir le coureur voler sur les tribunes, puis sur la tour de l'hôtel Palace avant d'atterrir sur le lac gelé. Les angles se réfléchissent, les athlètes volent. Ici, on entend le cri de la glace tranchée par les carres. Le skieur est équilibriste.

Les compétiteurs impatients attendent ces Championnats avec ardeur. La lutte fait rage chez les hommes engagés dans le circuit de la Coupe du Monde. Hermann Maier revient en tête dans le classement, et ce retour marque les esprits. Son ascension impressionne. Le système exigeant de l'Autriche écarte d'abord le jeune Hermann à l'âge de quatorze ans. On ne le trouve pas assez bon, son physique ne convient pas, ses genoux ne tiendront pas le choc des tracés obtus. Il devient alors moniteur de ski et maçon.

En 1996, la Coupe du Monde fait étape chez lui, à Flachau. Il ouvre une course et réalise un temps qui l'aurait placé au douzième rang. Sa performance est applaudie. Deux jours plus tard, il participe à une épreuve de Coupe d'Europe, il finit deuxième. Tout s'accélère, il peut enfin s'élancer sur le prestigieux circuit de la Coupe du Monde. La maçonnerie a forgé ses muscles et dessine le haut de son corps. Son ski devient athlétique.

Aux Jeux Olympiques de Nagano en 1998, il effraie le monde entier. Durant la descente, après dix-sept secondes de course, il aborde une bosse trop rapidement, sans aucun amorti. Il décolle, se retrouve haut dans les airs, la tête en bas et les skis au-dessus de son corps. Il vole durant un temps qui semble s'étirer à l'infini et atterrit quarante mètres plus loin, avant de déchirer deux filets de sécurité et de s'immobiliser dans la poudreuse. Il ne regarde pas son épaule. Il prend son visage entre les mains pour cacher ses yeux, ses deux grands lacs bleus. Les spectateurs du monde entier pensent que tout est fini pour lui. Quelques jours plus tard, rétabli, il revient et gagne deux médailles d'or, en super-G et en géant.

Les skieurs sont des hommes durs. Ils possèdent une cuirasse solide. Ils empoignent ce qui boite, ce qui fait mal, tient mal. Parfois, ça ne marche pas, ça souffre, ça sue, ça s'échappe. Et malgré tout, ça veut tenir, ça s'acharne encore, encore un peu, encore un peu plus. Il s'était dit que s'il gagnait encore une médaille d'or après cette chute, alors il serait immortel. C'est ici qu'on l'appellera « Herminator », surnom qu'il honorera sans le savoir quelques années plus tard.

Le 24 août 2001, un an et demi avant ces Championnats du Monde, Hermann est renversé par une voiture alors qu'il roule à moto dans sa région. Il se souvient du moindre détail. La circulation est ralentie. Il tente de doubler la file, mais une Mercedes rouge se déporte vers lui. À ce moment-là, il croit pouvoir l'éviter. Depuis Nagano, il réfléchit à des stratégies d'impact. Cela devient presque une seconde nature pour un coureur de ski. Le ski et la moto sont similaires à cet égard: la vitesse, la sensation des courbes, la capacité à réagir rapidement. Hermann sent la moto s'éloigner de lui, il tente de la contrôler et serre la selle pour la retenir. Le siège se retire de son support, il doit alors supporter une forte pression pour ne pas être poussé sous la voiture. Le siège s'envole, Hermann décolle, et tout comme lors d'un accident de ski, son corps mobilise de grandes forces défensives. Chaque muscle se tend. Il est catapulté dans les airs et vient heurter le talus d'en face, le siège de moto toujours serré entre ses jambes. La moto roule dans le champ et s'arrête plus loin. Sur le moment, il ne voit rien, insensible, mais cela ne dure pas. Il sent le goût métallique du sang dans la bouche. De manière instinctive, il prend sa jambe droite entre les mains. Il comprend alors que son pied tient seulement par quelques morceaux de peau. La télévision interrompt ses programmes pour annoncer la nouvelle.

L'Autriche, si réservée d'habitude, est accablée. Son Dieu ne remontera plus sur les skis. Elle rappelle un palmarès exceptionnel: quarante et une victoires en Coupe du Monde, deux titres en Championnats du Monde, deux médailles d'or olympiques. On parle d'amputation. L'opération dure sept heures. On prélève de la peau et du muscle de son bras pour les greffer sur la jambe, à l'intérieur de laquelle on introduit une tige métallique de 36 cm. Les médecins espèrent qu'il pourra remarcher. «Mon corps était comme mort» déclare-t-il. Jusque-là, il était un cas médical, un survivant. Lui ne pense qu'au ski. Durant sa convalescence, il commence par faire du vélo avec de l'oxygène. Son corps doit se réadapter à la haute altitude des sommets. Il s'écoute, pose un stéthoscope sur ses blessures, se bat contre ses baisses de moral.

Aujourd'hui il est de retour, avec plus de hargne que jamais. Il possède une excroissance sur la partie inférieure de la jambe, son entraîneur se demande même comment il peut enfiler une chaussure de ski. Il revient à la compétition après un an et demi d'absence. Il a quasiment retrouvé son niveau en super-G et en descente.

Le super-G convient bien à Hermann. Il possède de grandes compétences techniques, une solide expérience liée à une farouche volonté de prendre des risques. Hermann excelle dans la perception des transitions et la mémorisation de certains passages délicats. Il revient sur le circuit et affiche sa volonté. Tous les concurrents l'acclament.

Les skieurs risquent leur intégrité physique, peut-être leur vie, ils y ont consacré leur jeunesse, ils ont traversé des hivers glacials, ils se sont toujours relevés : malgré la douleur, ils ont continué le sport, avec des fractures, des hématomes, des traumatismes. Il y a aussi ce qu'ils sont devenus et qui atteste qu'ils furent les témoins actifs de luttes physiques. D'immenses cicatrices, des jambes brisées, une masse de chair qui a pris du muscle. Nous avons le sentiment de nous tenir en présence de rescapés et nous les admirons doublement : d'avoir parfois triomphé, collectionné les honneurs, et d'avoir survécu à tant de risques. Des êtres de légende, des héros de combats homériques. Entailles du temps visibles. Aujourd'hui, Hermann est un vrai candidat pour les médailles de ces Championnats du Monde. Il est une spectaculaire balle de canon humaine.

Bode, lui, est prêt. Il a quitté la marque Fischer pour passer sur Rossignol. Il faut un temps d'adaptation, son nouveau matériel est comme un nouvel organe pour lui. Sa famille a fait le déplacement, Woody vient en Europe pour la première fois. Bode vise la victoire pour eux surtout.

Les Championnats du Monde s'ouvrent avec le super-G, le 2 février 2003. Le thermomètre affiche - 15°. Le soleil brille. Les conditions s'annoncent parfaites pour la course. Les cris des spectacteurs montent jusqu'au départ. Ils ricochent d'un versant de la montagne à l'autre. Ils enflent, consument les esprits concentrés, et pendant que cette masse rugit, les coureurs affûtent leurs nerfs et vérifient ainsi que la mécanique de leur corps fonctionne.

Eberharter a remporté de nombreuses victoires, il est le favori autrichien même s'il peine à s'écarter de l'ombre de Maier. Il y a deux ans, à Sankt Anton en Autriche, Eberharter avait été battu par l'Américain Daron Rahlves, ce qui aurait ravi Hermann Maier, troisième en 2001. Mais Stephan Eberharter ne perçoit pas cette rivalité :

— Je n'ai pas de mauvaises relations avec Hermann Maier, gagner une course aux Championnats du Monde est plus important que battre Maier. C'est la presse qui exagère.

Tout se passe à la vitesse de l'éclair. Chaque coureur prend conscience du moindre de ses mouvements et sait qu'une erreur infime peut devenir fatale. Les fractions de seconde font la différence entre la victoire et la défaite.

Maier s'élance, mais à l'arrivée, il est visiblement insatisfait de sa course. Il skie avec ses anciens skis, il a gardé cette habitude.

— J'ai laissé filer négligemment une possible victoire, surtout dans la partie basse de la piste, glisse-t-il à son entraîneur. J'aurais dû attaquer plus.

Il a raison, au deuxième temps intermédiaire, il était plus rapide qu'Eberhater et que Bode. En bas, alors qu'Eberharter ne s'est pas encore élancé, Maier glisse à Bode :

— Ça ne suffira pas pour nous.

— Sûrement, je suis loin d'avoir fait la meilleure course de la saison, lui répond Bode.

À ce moment-là, plus de cinq concurrents parmi les quinze premiers dossards n'ont pas terminé la course. Le tracé est difficile. Sur l'exigeante Corviglia, c'est Eberharter qui devance finalement Hermann Maier et Bode, qui se partagent – fait exceptionnel – la deuxième place à 77 centièmes d'Eberharter. Cela n'arrive pourtant jamais. Bode aurait aimé l'or, bien sûr, mais il apprécie de monter sur le podium avec les deux superstars autrichiennes.

— Nous sommes amis, clame-t-il avec sympathie.

Il est impressionné par le retour de Maier.

— Je n'ai jamais vu quelqu'un skier aussi vite dans cette première partie.

Il a perçu cette performance comme un exemple de ténacité, de volonté, même s'il est convaincu qu'Hermann possède une sorte « d'armure organique ».

— C'est surtout mental. Vous pouvez surmonter les problèmes physiques. Il a pris son temps. Il a été entraîné pendant douze mois. Cela l'a aidé à faire une pause et à revenir encore plus fort peut-être. Il a su maîtriser son corps.

Les Autrichiens parlent de Bode avec beaucoup de respect. Le ski est fair-play. Ils savent que pour le battre, il faut prendre des risques. Bode s'attire des commentaires moqueurs de toutes parts dans la presse. Il ne répond pas à ces injonctions.

— Chaque athlète a ses outils. Sur cette course, j'avais l'équilibre et la sensation. Il m'a manqué l'endurance et l'expérience.

Spécialiste des épreuves techniques, il a tendance à prendre les portes plus brusquement que les autres coureurs. Il estime être un peu lent à s'adapter au super-G. Le ski rapide, comme tous les skieurs l'apprennent, amplifie les forces naturelles. Les jambes tremblent avec le frottement cinétique des skis qui déplacent la neige. Les bras et le torse se tordent dans l'air résistant. Toutes ces forces se combinent au sein de permutations infinies. Bode ajuste son corps et son tracé pour anticiper leurs effets, et tente de les utiliser pour faire des choses que la plupart des skieurs n'ont jamais imaginées.

Bode se prépare pour le combiné qui se déroule le 6 février. Ce jour-là, il se sent déterminé, il n'est pas intéressé par une deuxième ou une troisième place. Le combiné reste l'épreuve la plus émotionnelle, la plus physique et la plus mentale. Les concurrents réalisent un véritable marathon, enchaînant la descente et le slalom dans la foulée. Il faut être prêt. La première course terminée, les coureurs poursuivent directement avec la suivante. La météo s'annonce impitoyable. Le vent fait siffler les câbles des remontées mécaniques. Les conditions de visibilité sont très réduites. La montagne est un facteur vivant et respirant dans chaque course de ski – plus important que les concurrents directs. Le soleil peut émerger à mi-parcours seulement. Une rafale peut coûter au coureur un dixième de seconde ou plus, le retirant du podium. De temps en temps, les cailloux sont agités dans la neige et cognent contre la carre, entraînant une minuscule augmentation du frottement.

Ce jour-là, la météo freine Bode et la descente lui laisse une nouvelle fois un goût amer. Il termine dix-septième. Il est relégué à plus de trois secondes. S'il souhaite remonter dans le classement, il doit travailler un ski explosif, révolutionnaire. Bode n'a pas le temps de respirer et court vers le slalom. Il glisse à son entraîneur :

— Écoute, je ne suis pas satisfait de ma descente mais je n'abandonne pas ma course à la victoire. Tout est possible. Dans un combiné, on ne sait jamais. Ceux qui nous précèdent peuvent commettre des erreurs, voire sortir.

En haut de la piste, il souffle un bon coup, tout en conservant sa position calme et sereine. Et il y va. Il se jette. Il supporte l'équivalent de trois ou quatre fois son poids sous la gravité, et tout cela sans fondation mécanique renforçant son corps, à l'exception de ses skis et des chaussures. C'est le test athlétique ultime – une réaction pure à un stimulant puissant, exigeant de l'agilité, de la force et de la subtilité. Il fait une bonne course, et se replace en quatrième position. Dès la deuxième manche, il retourne la situation à son avantage. Il se hisse en première position. En bas de la course, il regarde alors les autres concurrents s'élancer, tentant tous d'améliorer son temps. Mais personne ne réussit. Il reste devant avec sept centièmes d'avance.

Bode, pour la première fois, tombe à genoux dans la neige. Il n'en revient pas. « Je suis très ému, enfin l'or ! » Il savoure sa victoire, il la palpe et court vers sa famille, présente aux premières loges. Bode souffle. Il répète sans cesse que « c'est l'événement le plus sévère qui existe. C'est excessif toute la journée. Cela prend au ventre dès le réveil ». Les coureurs connaissent des hauts et des bas, des montées d'adrénaline, des instants démoralisants, mais il convient de ne jamais relâcher la concentration pour réussir.

Cette victoire fait de lui le premier Américain à remporter l'épreuve en trente-trois ans. Bode ne cache pas son bonheur de gagner sa première médaille d'or dans une grande compétition devant « deux des plus grands champions de l'histoire de ce sport ». Cette fois-ci, les deux athlètes qui le suivent sont les Norvégiens Lasse Kjus et Kjetil André Aamodt. Les spécialistes ne l'imaginaient pas reprendre trois secondes à Lasse Kjus, mais malgré la fatigue accumulée, il réussit son pari dans ce style très personnel qui lui permet de skier avec justesse, là où d'autres auraient été éjectés par le tracé. Quand il tente de revenir sur sa course, et notamment sur sa mauvaise performance en descente, il déclare :

— Je ne sais pas ce qu'il s'est passé dans la descente. Il y avait beaucoup de vent là-haut… Mais il se passe tellement de choses, il y a tellement de paramètres qu'il est très difficile de savoir ce qui nous fait ralentir.

Lasse Kjus, lui, ne pouvait que sourire face à la performance de Miller.

— C'est dix secondes d'avance dont j'aurais eu besoin pour être sûr de gagner ! plaisante-t-il.

Une page se tourne. La victoire de Bode met un terme à dix ans d'hégémonie nordique sur le combiné. Les deux amis ont raflé à chaque fois l'or des Championnats du Monde (Kjus en 1993, Aamodt en 1997, 1999, 2001). Un exploit de taille pour un Américain encore presque inconnu dans son pays. Aamodt et Kjus le soulignent, le félicitent chaleureusement et se concentrent déjà sur la descente qui aura lieu dans deux jours.

Le grand jour de l'épreuve reine arrive rapidement. Elle a lieu le 8 février. La descente de la Corviglia jouit d'une forte réputation.

C'est une piste assez courte, d'une durée d'1 minute 40, alors que la moyenne des descentes se situe plutôt autour des 2 minutes, voire 2 minutes 30. Elle est extrêmement vallonnée. Il faut être un bon glisseur pour ne pas se faire piéger par les nombreuses parties plates. Les difficultés résident dans les mouvements de terrain, il faut pouvoir les appréhender avec précision. Et le lançoir sur près de 300 mètres au départ attire particulièrement. Ce jour-là encore, les conditions sont dantesques et un semblant d'ordre semble se restaurer. Le favori autrichien s'appelle Stephan Eberharter, il a déjà remporté cinq des neuf épreuves de la Coupe du Monde cette saison. Mais cette fois-ci, il laissera son titre à Walchhofer. Celui-ci, ému, n'hésite pas à parler de l'équipe :

— C'est un beau sentiment de faire partie de ce club autrichien de vainqueurs.

Aamodt termine deuxième et le Suisse Bruno Kernen troisième. Bode termine à plus de deux secondes, il est seizième. Il a skié plus prudemment que d'habitude, notamment sur la partie inférieure du parcours. Il avait hésité à prendre le départ, mais il n'en garde finalement aucun regret. Il n'a pas utilisé autant d'énergie que pour les autres épreuves et a pris beaucoup de plaisir à la disputer. Il se vante même au passage, « si j'avais vraiment envoyé, j'aurais pu monter facilement sur le podium ». Le soir, en conférence de presse, il parle de cette notion de plaisir qui guide chacun de ses gestes.

— Pour beaucoup de skieurs, le plaisir n'est qu'un combustible, le moteur c'est l'ambition. Moi, c'est l'inverse : le plaisir est le moteur, et tout le reste, la compétition, les médailles, ce n'est que du carburant. Indispensable, mais secondaire. [...] En course, je tente d'aller le plus vite possible, à ma limite de skieur. Là, je me sens puissant. Je sens que je grandis, que je repousse ma peur, ma technique. C'est très agréable.

Le géant, tant attendu par Bode, a lieu le 12 février. Le parcours semble ardu et rapide. Bode est prêt, et une fois de plus, il joue l'or. La première manche ne se déroule pas forcément comme il l'entend, il se classe dix-neuvième. Bode semble aimer les situations où il faut tout renverser. Hans Kaus est en tête de la première manche et sera donc le dernier à s'élancer. Erik Schlopy, après son passage, annonce à Bode à la radio que ce géant est tracé de manière fabuleuse, incroyable, avec des grandes courbes assez fermées.

— Il faut envoyer !

Schlopy était vingt-troisième à la première manche et vient de décrocher la première place à la fin de cette deuxième manche. Sur une telle neige, Bode sait qu'il est question de bon toucher, d'instinct. Celui qui est trop agressif, qui marque trop ses appuis, va irrémédiablement perdre du temps.

Il s'élance et affronte la piste intelligemment. Les favoris ont laissé la voie libre au seul d'entre eux capable de surmonter une deuxième manche totalement folle. Bode, qui s'apprête à entrer dans l'histoire du ski américain, fait preuve d'une décontraction et d'une maîtrise à toute épreuve pendant que ses rivaux s'enfoncent un par un dans le ventre mou du classement, vaincus par une neige très souple. Et cette grâce alors de la descente parfaite, comme s'il avait par privilège épousé le rythme même de la montagne, fait naître de ce chaos une brillante comète. Il ne s'agit pas seulement de physique dans le sport, il y a du symbolique, du divin, de la transcendance.

Hans Knauss, dernier favori à s'élancer, sauve la médaille d'argent. Dans ce scénario saisissant, suivi par 27 000 spectateurs, c'est Knauss qui a le plus souffert.

— J'ai vu la manche d'Erik à la télévision. Ensuite, alors que je me préparais, j'entendais le speaker répéter, au fil des concurrents, qu'il restait en tête. Ça m'a mis la pression. Je me suis isolé quelques minutes pour tenter de faire le vide. Quand je suis revenu, il était toujours leader. Incroyable.

Dans ces conditions, l'Autrichien se réjouit de sa médaille d'argent, même s'il frôle l'or de peu. Spécialiste de super-G, Knauss a été médaillé d'argent dans cette discipline aux Jeux

Olympiques de Nagano, où il avait aussi pris la quatrième place du géant.

— C'est vraiment très agréable de gagner la médaille d'argent, a-t-il déclaré. Mais je suis un peu déçu d'avoir perdu l'or, alors que j'avais une telle avance après la première manche. Ce qu'Erik a fait dans la deuxième manche, je l'ai fait dans la première.

Bode monte sur la première marche du podium et Erik Schlopy sur la troisième. Jamais deux Américains ne s'étaient retrouvés ensemble sur un podium lors de Championnats du Monde.

— Je suis extrêmement heureux d'avoir gagné cette médaille d'or, clame Bode. Deux Américains sur le podium ! La course était très difficile.

— Je dois remercier Bode, parce qu'il me motive mentalement, déclare Schlopy.

Ce dernier signe le meilleur temps de la deuxième manche avec une souplesse et une légèreté remarquables. Les Américains totalisent désormais six médailles, soit seulement une de moins que l'Autriche, qui domine le classement des nations. Bode, qui aura encore une chance de victoire dans le slalom, remporte pour le moment à lui seul la moitié de ces médailles. Le Suisse Didier Cuche, un des grands rivaux de Bode, termine assez loin dans le classement.

— J'ai connu de grosses difficultés sur cette neige bizarre, qui ressemblait à du papier de verre. Dès qu'on appuie, ça réagit. J'ai été trop brusque dans la première manche. J'ai essayé de rectifier le tir dans la seconde, mais comme elle tournait beaucoup, ça a encore compliqué ma tâche.

Cuche est déçu mais fait l'éloge, avec humour, du vainqueur du jour.

— Comme Schlopy, il sait skier en finesse, laisser faire le ski. Avec ses qualités, il va nous emmerder encore un moment. Il est jeune, il a un talent fou, et il bosse. L'an prochain, j'imagine qu'il va commencer à gagner en descente.

En attendant, Bode est prêt à attaquer en slalom le 16 février, dernière discipline de ces Championnats. Durant la première manche, le piquet frappe un nerf et le coup paralyse sa main. Impossible de garder le bâton. Mais c'est un reflet de l'état de grâce actuel de Bode, car malgré ce handicap, il réussit à terminer sa course en huitième position. Un bon nombre de ses fans et de ses concurrents sont alors prêts à croire en sa victoire quand il entre en première place après sa deuxième manche. Hélas les sept coureurs suivants l'excluent rapidement du podium.

— Il est facile pour moi d'accepter l'échec aujourd'hui, j'ai eu tellement de chance jusque-là, confie-t-il à son entraîneur.

Il est le premier Américain à remporter trois médailles dans les mêmes Championnats du Monde.

Le Croate Ivica Kostelic remporte ce slalom. Il est le frère de Janica, la triple championne olympique à Salt Lake City, qui a elle-même remporté ici le slalom féminin. Kostelic a posé ses genoux sur la piste glacée et a pointé vers le ciel sa main gantée.

— Je me suis souvenu de toutes les épreuves que j'ai dû traverser, déclare-t-il. Je me souviens encore de ces jours où je me battais pour revenir sur les skis.

Les frères et sœurs Kostelic ont été élevés pour devenir des champions par leur père et entraîneur, Ante, surmontant la guerre qui déchira la Yougoslavie. Ils manquaient de moyens financiers pour courir dans de bonnes conditions, ils dormaient souvent dans leur voiture en station la veille de compétition. Ils s'entraînaient plus longuement que leurs futurs rivaux. Cela n'a pas été sans frais. À vingt et un ans, Janica subit quatre opérations au genou. Ivica, âgé de vingt-trois ans, connut pour sa part cinq opérations au genou également dans une période de quatre ans allant de 1998 à 2001, ce qui l'obligea à abandonner les épreuves de vitesse où il excella en junior.

Mais les Kostelic sont des battants. Ils deviennent ce jour-là les premiers frères et sœurs à remporter des médailles d'or en

Championnats du Monde, après avoir cumulé des victoires en Coupe du Monde et dominé les classements du circuit.

— Janica est ma grande inspiration, déclare Ivica.

La Croatie pourrait manquer de grandes stations de ski et de formations pour les skieurs d'élite, mais grâce aux Kostelic, elle remporte ici autant de médailles d'or (trois) que l'Autriche, la principale puissance alpine.

— Je ne pleurerai pas, parce que je ne pleure jamais, confie Janica après avoir embrassé son frère dans la zone d'arrivée. Je suis le genre de personne qui cache ses émotions, mais aujourd'hui, je dois avouer que j'étais touchée.

Les Championnats du Monde s'achèvent et Bode est nommé roi de Saint-Moritz par Gianfranco Kasper, président de la Fédération Internationale de Ski. Le but ultime de Bode est de gagner le titre global de la Coupe du Monde. Aucun homme américain ne l'a fait depuis Phil Mahre en 1983. Ces deux semaines à Saint-Moritz ont certainement gonflé sa confiance.

— Évidemment, je suis très excité. Trois médailles, c'est bien au-delà de ce que j'avais prévu. Je suis comblé.

Avant que ces Championnats ne débutent, Bode Miller, vingt-cinq ans, attirait déjà les supporters et les journalistes en Europe, fascinés par son talent et sa franchise. Depuis ses trois médailles – personne n'en a gagné autant ici – de plus en plus de fans s'arrachent son autographe. Les journalistes le sollicitent davantage. Il y eut un temps où la vie de Bode sur le circuit était plus calme, mais ses dernières performances décisives ont fait de lui une figure publique, en particulier dans des pays comme la Suisse et l'Autriche, où le ski alpin reste un sport majeur.

Quand il était jeune et relativement inconnu sur le circuit de la Coupe du Monde, il participait librement à la vie nocturne de la tournée. Le succès semble réduire sa liberté. À Saint-Moritz, une immense foule a assisté à la remise des médailles du slalom géant.

Les Européens criaient le nom d'un skieur américain dans un pays alpin ! Cela ne s'est jamais produit auparavant. Un fan portait une pancarte « Bode President ». Ils reconnaissent son excellence, ils admirent son esprit libre, son attitude. Il est calme, confiant dans toutes les situations. Son agilité et son équilibre fascinent. Il est exigeant avec lui-même. Il reste un libre penseur, qui enfreint parfois les règles, ce qui lui permet de repenser la sagesse conventionnelle.

La reconnaissance et la célébrité engendrent des contraintes. Ses contrats avec les sponsors l'obligent à faire des apparitions lors de soirées et conférences de presse qui le séparent parfois de ses coéquipiers et ouvrent sa vie à l'examen public. On lui demande, suite à l'acclamation « Bode President », s'il se sent d'endosser un tel rôle.

— Je n'aime pas vraiment la politique. Je suis actuellement très déçu par mon pays, par sa capacité à réagir aux problèmes notamment dans ses relations extérieures. Il y a si peu que je puisse faire personnellement, mais je me sens profondément concerné.

Cette phrase lui vaut de nouveaux soutiens, épatés par la solidité et l'intégrité de sa personne. Il répète certains mots, des mots comme « dialectique », « collectif », « émancipation », des mots comme « mondialisation » et « oppression » : il les fait tourner sur sa langue, pour en sentir le poids, l'épaisseur, pour se les approprier, comme si ces termes avaient désormais un nouvel écho. Il prend là tout ce qu'il y a à prendre, c'est une bonne mise en jambes, l'ardeur des discussions attise l'appétit. Sa parole deviendra de plus en plus engagée.

6

Étapes autrichiennes

Sölden et Sankt Anton, hiver 2003-2004

Chaque année en octobre, les équipes nationales ski alpin se retrouvent sur les hauts glaciers des Alpes pour leurs derniers camps d'entraînement avant les épreuves d'ouverture de la Coupe du Monde, qui ont lieu depuis la fin des années 1990 à Sölden, en Autriche.

L'été, les équipes européennes s'entraînent généralement à Ushuaia, en Argentine. L'équipe américaine a choisi cette année la Nouvelle Zélande, et plus précisément Treble Cone, sur l'île du Sud. Treble Cone est l'un des domaines skiables les plus grands et les plus développés de Nouvelle Zélande, mais il ne peut être atteint que par une route de montagne étroite et serpentine.

Aucun des coéquipiers de Bode ne désire monter en voiture avec lui. Il conduit comme un pilote de rallye. Il coupe les épingles. Les roues s'accrochent, crissent, tirant la voiture à l'intérieur des virages. Ce désir de couper les pentes est insatiable. L'entraîneur John McBride, sur le côté du tracé, corrigeant les coureurs, insiste :

— Peu de skieurs arrivent à égaler sa trajectoire.

Dans le monde confiné des courses de ski alpin, où la distinction entre l'immortalité et l'anonymat peut tenir à une fraction de seconde, la trajectoire est reine. Poussez-la trop serrée et vous accrocherez une porte, en vous écartant violemment du tracé. Prenez-la de manière large et vous ne vous tiendrez jamais sur un podium. Pour maintenir la ligne parfaite, le skieur allie la force, la synchronisation et la concentration. Cette combinaison reste la marque distinctive des coureurs légendaires dont les compétences résultent souvent d'entraînements solides et précis. Toutes les manches sont filmées et analysées. L'après-midi est consacrée aux séances de kiné, au renforcement physique et aux parties de cartes. Les soirées sont courtes, la fatigue submerge les coureurs, les heures du soir sont les plus réparatrices. Quand l'automne arrive, ils s'impatientent. Septembre et octobre sont les mois de l'année où le mental se sculpte. À cette période, tout est déjà en place : les skieurs peaufinent les derniers réglages, la technique est acquise. Ils cherchent à libérer les tensions, canaliser les élans.

Les glaciers d'Autriche fondent en partie tous les étés et commencent à croître en septembre avec les premières dépressions d'automne. Les coureurs se rassemblent habituellement à Pitztal, située dans la région du Tyrol. Nulle part ailleurs en Autriche les remontées mécaniques ne mènent aussi haut que sur le glacier de Pitztal, soit à 3 440 m. À Sölden, autre domaine skiable du Tyrol, qui compte également dans ses rangs Kitzbühel, Innsbruck et Sankt Anton, la piste réservée à la course est, selon les règles de la Coupe du Monde, interdite dans les jours précédant la compétition. Le glacier de Pitztal nomme un *Pistenchef* pour répartir l'espace d'entraînement, et ce « chef de piste » affecte chaque équipe à une pente. Ces espaces sont loués. Souvent, les Autrichiens empiètent sur le temps réservé aux autres équipes, ce dont se plaint le Suisse Didier Cuche. Globalement, les Autrichiens restent dans une grande rivalité. Chez eux, tout est dédié à la performance. Sur le glacier, les nations se retrouvent. Les slaloms sont tracés de manière parallèle et très rapprochée. Ces portes et ces piquets dessinent des parcours exigus, théâtraux, magnifiques. Ils présentent le skieur comme un peintre, un funambule, un artiste. La courbe devient trait de pinceau. Parce qu'il ne s'agit pas uniquement de muscles, de force, de puissance, mais de délicatesse, de danse, de beauté.

La Coupe du Monde de ski alpin est très attendue chaque hiver. Le « Globe de Cristal », le titre général de la Coupe du Monde, est le symbole de l'excellence de ce sport depuis le début du circuit en 1967. Les coureurs le gagnent en accumulant des points au cours de l'hiver. Dans les trente à quarante courses qui constituent le Cirque Blanc, chaque gagnant obtient 100 points, le deuxième 80, le troisième 60, jusqu'au trentième coureur qui obtient un point. En ajoutant les résultats à la fin de la saison, la victoire donne un titre plus significatif que celui d'une journée de course. Cette victoire prouve que le skieur sait maîtriser la plupart des variables et prend des risques intelligents. Il sait skier sur tout type de neige, dans le brouillard le plus épais ou sur des terrains ensoleillés. Chaque coureur a sa préférence, il y a les typés glisse, ou les autres, plus techniques. Durant la Coupe du Monde, chaque nation peut proposer dix coureurs (aux Jeux Olympiques, ce n'est pas plus de quatre). Le coureur remporte alors la victoire dans sa discipline, un petit Globe. Le Globe de Cristal, la victoire suprême, récompense le vainqueur de la Coupe du Monde toutes disciplines confondues.

En cet automne 2003, Bode souhaite retrouver ses sensations, tester ses skis et trouver une configuration qui fonctionne. Le fait d'évoluer sur le glacier à plus de 3000 m impose une condition physique optimale. Le géant d'ouverture a lieu cette année le 24 octobre. L'ambiance typiquement autrichienne qui entoure cet événement ajoute une pression supplémentaire. Il y a chaque année le très attendu défilé des supporters dans la rue centrale. Le glacier de Rettenbach offre une piste assez difficile, avec un mur raide. Les bons glisseurs créeront l'écart.

Bode aime Sölden. L'objectif de sa saison est de détrôner Stephan Eberharter, grand vainqueur de la Coupe du Monde la saison dernière. Ce jour-là, Bode veut en découdre. Quelques longues inspirations pour faire descendre l'oxygène jusque dans les talons, une vague pensée à cette robuste pompe qui lui sert de cœur et aux battements qui l'escortent. Il avale les portes disposées sur la Rettenbach. Il creuse l'écart. Il bat de 1,12 seconde le Français Frédéric Covili. Huitième après la première manche, son équipier Joël Chenal réussit une bonne deuxième manche et se classe troisième. Bode s'enthousiasme. Il remporte aujourd'hui la quatrième victoire en slalom géant de Coupe du Monde de sa carrière.

— C'était tout simplement génial ! J'étais très nerveux. C'est un grand sentiment de gagner la toute première course et sur un tracé aussi difficile. C'est un rêve de commencer la saison comme ça. Je ne me sentais pas forcément bien dans la première manche, mais j'ai chargé, chargé, chargé dans la seconde, j'ai tout envoyé.

Cette victoire spectaculaire fait déjà de lui un favori pour le Globe de Cristal cette année. Stephan Eberharter termine la première manche en sixième position, mais il recule à la huitième place après la deuxième manche. Hermann Maier a dû se contenter de la seizième place, mais il a tout de même déchaîné son public. L'Autrichien était gêné par une inflammation du genou droit et courait avec un dossard trop élevé en raison de sa longue absence du circuit.

La Coupe du Monde masculine s'interrompt durant un mois après Sölden, avant que le stade nord-américain du circuit ne débute à Park City, en Utah, fin novembre. Les hommes retournent ensuite en Europe à la mi-décembre pour le reste de la saison, qui se terminera avec la finale à Sestrières, en Italie, en mars.

Si les drapeaux américain et français ont volé haut le jour du géant de Sölden, celui de l'Autriche était en berne.

Le ski alpin demeure en Autriche un sport national. Une victoire rend le peuple extrêmement fier. L'ORF (la télévision publique) relate chaque jour les exploits de ses skieurs. Les journalistes usent de superlatifs pour leur champion absolu, invincible, Hermann Maier, leur « Herminator ». Les supporters autrichiens se déplacent en masse. Les trompettes, les cris, les drapeaux, les clameurs, les chants, les banderoles, les hymnes, les tambours, tout y est toujours.

À Vail notamment, aux États-Unis, les fans se retrouvent à la Maison de l'Autriche où l'escalope viennoise est servie comme à la maison et où la bière autrichienne coule à flots. La foule de supporters est prête à se livrer à toutes les folies, pour défendre les couleurs de leurs coureurs. Cette Maison de l'Autriche est financée par la Chambre de Commerce qui tente d'y promouvoir les produits nationaux. Elle abrite aussi le studio de l'ORF.

Pour la Fédération autrichienne de ski, les coureurs sont performants car ils sont mieux entraînés. Après la chute du communisme, l'Autriche a accueilli et engagé un grand nombre d'entraîneurs en provenance de l'ex-RDA. Il existe aussi un aspect assez méconnu et ignoré dans les autres pays : l'étude scientifique des aptitudes et des performances y est très poussée. Le TechnologieZentrum Ski und AlpineSport (TSA), fondé par la Fédération autrichienne de ski et l'Université d'Innsbruck, est un laboratoire essentiel. Il a pour mission de conduire des projets de recherche pour des équipementiers sportifs. Il travaille conjointement avec l'équipe nationale de ski alpin sur l'optimisation du matériel. Des études sont réalisées dans le but d'améliorer la glisse. Le ski se veut avant tout professionnel, le suivi demeure rigoureux et constant. Les coureurs bénéficient d'un solide soutien. Ce sont les chercheurs de l'Institut scientifique d'Innsbruck qui ont calculé que, dans les courbes les plus rapides, la pression pouvait dépasser les 3 G. C'est à peine moins que les pilotes de Formule 1 sanglés dans leur bolide. Les skieurs, eux, n'ont pas la carrosserie pour se protéger. Hermann Maier aime tester les nouvelles inventions. Pour stimuler ses neurones, il pédale sur un *home-trainer* coiffé d'électrodes. Cette nouvelle invention se nomme *brain-dual test*, elle est censée tonifier l'hémisphère gauche du cerveau.

Assister à une course en Autriche, c'est participer à une grande fête collective. Trente mille personnes crient en chœur lorsque l'un des leurs s'élance. Ils encouragent leurs skieurs mais connaissent parfaitement tous les participants. Ce sont de vrais passionnés. À Schladming, par exemple, le slalom se court en nocturne. Les skieurs français ont le sentiment d'évoluer sur un terrain de foot, tant la clameur de la foule les emporte. L'ambiance électrise les équipes. La piste devient un véritable piège de cristal. De nuit, sous le feu nourri des projecteurs, la pente offre ses flancs aux reflets bleus, laisse percer les mouvements de terrain, aspérités diffuses, cratères redoutables.

Au cours des deux dernières décennies, lorsque les Américains saisissaient une rare victoire, les Européens haussaient les épaules. C'est un coup de chance, disait-on, le fruit du hasard. Le ski était principalement un sport récréatif aux États-Unis. La plupart des enfants américains skiaient pour aller vite, sauter des bosses, effectuer des figures dans les airs. En Europe, au même moment, les enfants enchaînaient les Grands Prix. Ils ont couru des slaloms très jeunes, travaillé sur leur technique de course toute leur vie, au point, pour une grande majorité, de ne plus vouloir en entendre parler. On dit parfois que les Européens sont les meilleurs coureurs, mais les Américains sont les meilleurs skieurs. Le jugement s'est modifié avec l'arrivée de Bode.

Lors des Jeux Olympiques de Salt Lake City, les entraîneurs américains affirmaient qu'il pouvait gagner tous les slaloms s'il ne commettait pas de faute majeure. Bode a développé une technique rapide, extrêmement risquée. Il a su comment trouver l'angle le plus extrême.

Un bon angle est déterminé par deux éléments : l'inclinaison et l'angulation. L'inclinaison est l'acte de se pencher dans le virage tout en équilibrant les effets de la force centrifuge. L'angulation est le résultat de la projection des jambes du skieur à l'extérieur du virage alors que le buste reste droit. Vus de face, les jambes et le buste forment ainsi un angle. Il s'agit, mathématiquement, de l'angle formé par l'intersection de la droite définissant la direction du buste et de celle qui détermine la direction dans l'espace des jambes.

Bode établit un angle supérieur aux skieurs adeptes du style conventionnel. La trajectoire devient plus serrée. Il dirige finement ses skis tout en accentuant son poids sur l'arrière de ses skis. Il semble souvent déséquilibré. Il manque de tomber. Son secret réside dans ce que fait son corps pendant la transition. Bien que son centre de gravité reste derrière ses pieds à ce moment-là, il utilise son agilité et son équilibre remarquable pour sculpter un autre virage. Il exploite au maximum la réaction de ses skis dans une promesse de gloire et de destruction. Quand il réussit, sa trajectoire est parfaite. Peu de skieurs ont la possibilité physique et le don artistique d'imiter son style radical. Il devient un repère dans le ski mondial. Bode, lui, n'a pourtant pas de consignes à donner. Il parle de confiance dans le matériel.

Cela fait deux ans qu'il n'a pas gagné de slalom, alors que la discipline est sa première spécialité. Il espère remédier à cette faille le 16 février 2004.

Sankt Anton accueille le circuit de la Coupe du Monde et organise son slalom. La dernière victoire de Bode remonte au début de l'hiver 2002, à Schladming.

— Je commence à ressembler à un disque rayé quand je confie à la presse que mon slalom n'est pas si mauvais et mon matériel non plus.

Ce jour-là, Bode veut rester régulier sur les deux manches. Il se glisse alors, presque avec douceur, et sur une neige douce, entre les cinquante-quatre piquets. Le cadre environnant n'est pas le véritable théâtre de sa méticuleuse application. C'est dans les résonances de sa concentration qu'il la crée, sculptant en lui-même sa part d'espace. Il taille de tous ses muscles dans le matériau brut et indistinct, affûté au plus près. Il skie sans erreur et termine en tête de cette première manche avec une avance de 17 centièmes. Il a assuré pour imaginer des folies dans la manche suivante. Cela ne manque pas. Il est le dernier à partir au deuxième départ et les skieurs attendent son arrivée pour pouvoir se positionner dans le classement. L'avalanche Miller se déclenche. Dans cette deuxième course, il joue avec sa trajectoire et donne comme «un coup de pied dans le parcours». Il prend des risques, mais du plaisir surtout, et cela se voit. Il franchit la ligne d'arrivée et comprend qu'il gagne la compétition. Il termine 0,95 seconde devant le Finlandais Kalle Palander. Ce résultat lui paraît incroyable au vu de ses erreurs dans cette ultime course. Palander, vainqueur du Globe de la discipline l'an passé et de trois slaloms cette saison, secoue la tête, admiratif, tout en applaudissant avec enthousiasme la performance de Bode. Il s'avance même vers lui et le prend par l'épaule. L'Autrichien, Mario Matt, champion du monde de slalom en 2001, dans cette station, termine troisième. Il se réjouit de cette place après une longue bataille contre des blessures. Son compatriote Rainer Schoenfelder, quatrième, conserve la tête du classement de la discipline. Sur le podium, Bode ouvre une bouteille de vin mousseux autrichien et rit gaiement quand il s'arrose involontairement avant de boire quelques gorgées.

La course au Globe fut serrée, mais le podium de la Coupe du Monde pour la saison 2003-2004 est exclusivement autrichien, avec Hermann Maier en tête, Stephan Eberharter et Benjamin Raich en deuxième et troisième positions. L'Autriche reprend ses trophées légendaires. Bode est quatrième et Daron Rahlves cinquième. Bode remporte le Globe en géant. Il est heureux de sa saison. Il a partagé des moments complices avec ses coéquipiers et ses adversaires. Dans cette équipe, personne ne se dépasse pour les honneurs, la couverture médiatique, les admirateurs. Les skieurs sont là pour affronter les plus coriaces concurrents du monde et voir quel rang leur revient. Ils exécutent ces rudes épreuves pour le défi, pour éprouver leur habilité et pour eux-mêmes. Ils font tout à l'extrême. Ils travaillent fort, ils jouent fort, ils s'entraînent fort et ils font du ski.

Beaucoup pensent que Bode n'est pas loin d'exceller dans les épreuves de vitesse. Tous les passionnés de ski attendent son passage. On aime son talent, son attitude et son style révolutionnaire. Personne ne sait ce qu'il adviendra quand il s'élance sur une piste. Gagner d'une seconde et demie ou percuter les filets de sécurité ? S'il continue sur sa lancée, les admirateurs parient qu'il ne remportera pas seulement le titre global de la Coupe du Monde mais aussi les Jeux de Turin avec une réussite sans précédent. Si cela se produit, « Bode sera l'histoire de 2006 », explique son agent, Lowell Taub.

— Il va être plus grand que le sport, ajoute son manager, Kenneth Sowles. Mais cela dépend de sa façon de travailler. Il peut être le plus grand skieur de tous les temps, mais il peut aussi tout quitter dès l'année prochaine pour aller jouer au golf.

Lui qui est un oiseau, la liberté est au fond le seul bien qui lui importe et le reste à vrai dire n'a pas d'importance. Bode perd déjà patience avec les exigences que la célébrité apporte, les entretiens sans fin et les déplacements ennuyeux. Sa renommée l'emprisonne. Elle l'éloigne de l'essence même du sport. Elle lui fait tourner le dos à la vie simple.

— Bode pense parfois que les médailles, les récompenses et les cérémonies sont un fardeau. Il veut juste faire du ski, explique Phil McNichol, l'entraîneur-chef des hommes des États-Unis.

— Chacun raconte mon histoire un peu à sa façon. Cela dit, je ne me sens pas concerné par ce que les gens pensent ou attendent de moi. Je n'aime pas la célébrité car elle transforme souvent de grands athlètes en personnalités assez pauvres, confie Bode.

Il songe au passé, à tout ce que la vie lui a apporté de bon, à ses victoires qui font déjà partie de l'histoire et à l'avenir qui lui semble encore prometteur. Il aime la course, il aime ne pas toucher terre et il veut décoller, sentir la vitesse dans les tempes, prendre la neige de haut, s'élever, libre, sans plus rien là-haut pour l'arrêter, filer. Il s'approche de ce statut d'étoile du rock. Et nous savons tous que cela peut détruire la carrière de quelqu'un.

7

Lake Louise

Novembre 2004

Durant l'été 2004, Bode ne tient pas à retourner en Nouvelle Zélande. À Treble Cone, l'équipe des États-Unis privilégie la préparation aux épreuves techniques, le slalom et le géant. Cette année, Bode préfère concentrer ses efforts sur les disciplines de vitesse, la descente et le super-G, et s'entraîner pour cela au Chili.

Le culte de la descente est la pierre angulaire des courses de ski, le battement de cœur sauvage au sein de ce sport très réglementé. La descente est le laboratoire de la vitesse. Elle est synonyme de risque, de danger, de peur, mais aussi, évidemment, d'irrésistible tentation. Il y a une certaine idée d'absolu. Bode sait qu'il doit encore progresser dans ces domaines, il souhaite peaufiner ses gestes, parfaire sa posture, travailler ses trajectoires. Il doit être plus doux sur ses appuis, même sur des parcours sinueux et glacés.

Il convainc son équipe d'écarter la Nouvelle Zélande et promet de grandes prouesses au Chili. Là-bas, sur les pentes de Portillo, il s'engage avec assiduité. De nouvelles sensations naissent. Il travaille son aérodynamisme, ses entraîneurs l'aident à affiner sa position. Bode ne perçoit pas de différence notable, il s'améliore et progresse en restant sur les mêmes acquis. Il a un don. Un don pour les courbes. Bode marche à la fluidité, aux mouvements naturels qui épousent les mouvements de terrain, contrairement à d'autres, qui seraient plus mécaniques. En descente, une sorte de rapport de force s'instaure. Il faut dominer la piste, sinon c'est elle qui le fera. Beaucoup disent que pour se mesurer à la montagne, la descente reste la meilleure des disciplines.

Il s'entraîne cette année avec un nouvel équipementier, la marque autrichienne Atomic. Il y a deux ans, Bode était équipé par Fischer, et l'année dernière, il skiait sur Rossignol et portait des chaussures Nordica. Il a gagné des courses avec chaque fabricant. Avec le passage chez Atomic, Miller et Rahlves héritent de Thomas Buergler, le technicien auparavant dédié au champion autrichien récemment retiré, Stephan Eberharter.

Lorsque les courses sont gagnées et perdues à quelques centièmes de seconde, la planche est une donnée précieuse, elle doit être irréprochable. Tout à sa quête frénétique de perfection, Bode a usé 72 paires de skis l'hiver dernier. Selon François Sedan, directeur du service compétition chez Rossignol, ses qualités de metteur au point en font le pendant alpin d'un Michael Schumacher.

— Bode met des mots intelligibles sur des sensations fines. Parfois, il nous oriente vers d'étranges voies de développement, mais l'avenir lui donne raison.

La souplesse d'un ski, la légère inclinaison d'un genou, quelques kilos de pression sur un bord métallique peuvent transformer une faible inertie en belle vitesse. Bode sait combien les marges peuvent être minces, combien les petits détails sur une chaussure ou sur un ski peuvent provoquer des résultats dramatiques. Les chaussures, les fixations et les skis de son nouvel équipement semblent parfaitement adaptés à son style singulier. En octobre, avant le géant d'ouverture de Sölden, en Autriche, les entraînements sur les glaciers permettent de sélectionner les paires de skis qui serviront pour la saison. Dans les ateliers, les techniciens travaillent dans les effluves de fart, de cire, avec leurs tabliers, caressant soigneusement les semelles des skis, les doigts ouverts, pulpeux, sur les carres tranchants. Derrière eux, alignés contre les murs, cinquante-cinq paires de ski par skieur en moyenne. Chaque paire a été méticuleusement marquée avec un code numérique.

Dès le printemps, les préparateurs trient les paires de ski chez le fabricant, en sélectionnent quelques-unes qui, dès la reprise des entraînements d'été, seront testées par les coureurs. Les skieurs jugent la glisse sur tout type de trajectoire. Dans ces moments-là, le technicien de la marque assiste les entraîneurs dans le suivi des coureurs. Il part avec eux le matin et s'assure de la bonne qualité du matériel. Il reste à l'écoute, observe les moindres difficultés liées à la préparation du ski. Durant l'après-midi, le technicien récupère le matériel et le travail minutieux de fartage et d'affûtage débute, c'est de l'alchimie. Les semelles de chaque paire sont travaillées sur mesure. Le technicien établit une base de données et de référencement à partir de relevés quotidiens sur les températures ambiantes et la température de la neige, l'hygrométrie, la dureté et la consistance de la neige. Ces informations permettent, en période de compétition, de savoir quelle paire de skis sera la plus adaptée aux conditions du moment.

L'été, la semelle se prépare avec un fart assez gras. C'est en le nettoyant précisément, en le brossant, en retirant toute aspérité, que l'on fait un bon ski. La préparation estivale est essentielle.

L'affûtage permet de rendre la carre très lisse, réduisant ainsi les frottements et les défauts. Il se précise selon l'agressivité de la neige. En période de course, le technicien se lève à l'aube. Il inspecte les relevés de la nuit, relève la température et analyse la neige. Il s'acharne sur le ski. Il passe les dernières couches de fart adaptées aux conditions du jour, et ajoute des produits de haute technologie, hydrophobes, comme des « accélérateurs ». Les règles, étroitement définies et énoncées par la FIS, jouent un rôle important dans le choix des techniciens. Les préférences individuelles comptent, tout comme le savoir-faire, la maîtrise, les secrets de chaque alchimiste.

Bode aime pénétrer les ateliers, il emprunte des perceuses, effectue lui-même des modifications. Il imagine de nouvelles structures. Il mesure la rigidité d'une paire, effleure sa taille de guêpe, palpe la qualité de son noyau, perçoit son caractère et adapte les plaques, les fixations. Il repousse les réglages jusqu'aux dernières limites. Sa quête de perfection l'accapare jusqu'à l'obsession.

Il entame avec élan la saison 2004-2005. Une fois encore, il désire gagner une course dans chacune des disciplines et il aimerait devenir le grand gagnant de la Coupe du Monde, celui qui remporte le Globe de Cristal. Ce serait une victoire contre la bien-pensance. Il souhaite instaurer son style, prouver que l'on peut avoir confiance en ses valeurs. « Une victoire comme un cri » pense-t-il.

À Sölden, qu'il connaît bien pour y avoir remporté la course l'année précédente, il creuse un écart d'une seconde dans la manche initiale. « L'avion Miller », comme on l'appelle, gère ensuite le second parcours pour assurer la victoire. À l'arrivée, il précède l'Italien Massimiliano Blardone et le Finlandais Kalle Palander. La première étape est remportée. Une période de récupération de trois semaines est prévue avant la course suivante qui aura lieu de l'autre côté de l'océan. Pendant que d'autres concurrents s'entraînent, Bode préfère se relaxer. Il rentre chez lui, profite de sa région, joue au golf.

Les 27 et 28 novembre 2004, Lake Louise accueille les épreuves de descente et de super-G. Peu de domaines rivalisent avec cette station canadienne. Beaucoup disent que c'est le plus beau site de la Coupe du Monde. Le domaine skiable a été construit sur le majestueux Mont Whitehorn, un pic de 2621 m dans le parc national de Banff. À l'exception de quelques maisons, magasins et hôtels, le parc appartient principalement aux animaux. Il n'y a pratiquement aucune trace de présence humaine. La plupart des équipes de ski séjournent dans le château historique, un hôtel spacieux, surplombant Lake Louise. Le « château des

Rocheuses » offre une hospitalité légendaire à ses hôtes depuis plus de 125 ans. Les skieurs aiment s'y retrouver. Au cours des mois d'hiver, les tournois de hockey sur glace se succèdent sur le lac gelé. Quand on regarde ces pics enneigés, on entre comme dans une peinture, avant que le tableau ne s'anime. On se penche dans ces pentes comme le premier homme sur la lune. On ne découvre rien, on retrouve tout, et l'on respire dans un silence que rien ne vient perturber. À la fin de l'hiver, le lac retrouve son bel azur, et le blanc du glacier vient s'y réverbérer. Les coureurs de Coupe du Monde apprécient cet environnement naturel, les grands bois. Une année, durant une deuxième manche, une alarme s'est déclenchée sur les radios portables. On pouvait entendre « Un ours, j'ai vu un ours ! » Les gardes forestiers étaient effectivement préoccupés par cet animal depuis des jours. Ils hibernent habituellement dès - 14°, mais la foule des spectateurs l'avait sûrement réveillé.

Les locaux disent que Lake Louise est la preuve vivante que Dieu est un skieur. Protégé du climat doux du Pacifique par la chaîne des Columbia Mountains, le domaine est célèbre pour sa poudreuse légère. Au cours de l'hiver, l'air est si net et sec – ce qui signifie qu'il est bon, piquant et frais – qu'il est mis en bouteille et vendu pour 23 $ la bouffée aux habitants de Mumbaï et de Pékin.

Lake Louise bénéficie de chutes de neige abondantes et régulières, l'hiver arrive tôt et dure longtemps. Son domaine skiable ouvre de novembre à mai. La rudesse de ses conditions peut annuler parfois les compétitions. Souvent, la neige fraîche est retirée de la piste pour être complétée avec de la neige de canon. La quantité d'eau dans la neige artificielle peut être ajustée pour créer une piste dure et rapide, comme les skieurs le souhaitent. La descente de Lake Louise est connue comme le parcours le moins redoutable de la tournée masculine. Bode est prêt. Il veut mettre à profit ce qu'il a appris durant ses entraînements d'été au Chili.

Il commence par gagner l'épreuve d'entraînement en descente. Ce n'est pas forcément avantageux pour lui, car cette fois-ci, la liste de départ place les coureurs dans l'ordre inverse des temps réussis à l'entraînement. Les règles pour les dossards changent régulièrement. Il s'élancera donc trentième le lendemain. Bode ne sait pas skier avec modération, même durant les entraînements.

Le jour J, le tracé de la descente est rapide, c'est selon Bode « un parcours à glisser », il atteint les 144 km/h par endroits. Si, dans une voiture de course, on perçoit cette accélération avec la sensation de se faire plaquer contre son siège, les skieurs eux ne l'ont pas, car c'est leur propre masse qui produit l'accélération et qui se déplace. Les battements du cœur augmentent à la même vitesse et les skieurs atteignent leur rythme cardiaque maximal en quelques secondes. Pour résister à la force centrifuge, ils se mettent fréquemment en apnée durant 3 à 4 secondes, et ceci malgré l'hyperventilation due à l'effort. Ils bloquent leur respiration pour faciliter le gainage de l'abdomen. Ils n'ont souvent pas conscience de cet épisode. C'est un automatisme qui accompagne le renforcement des muscles à l'approche d'une compression ou d'un saut.

Pendant sa descente, ce jour-là, Bode n'a pas le temps de palper sa vitesse. Les douleurs liées à l'effort ne le touchent pas. Il attaque comme une fusée de chair dans certains virages. Il se recroqueville, travaille sa nouvelle position et se transforme en balle compacte. Une posture qu'il a étudiée.

— En étant particulièrement bas sur les skis, le poids réel du corps monte à environ 340 kg avec les forces. Voilà pourquoi il faut des jambes comme des troncs d'arbre.

Sa technique fonctionne. Il avale le parcours, n'en fait qu'une bouchée, devant le Français Antoine Dénériaz et devant l'Autrichien Walchhofer. Il possède une seconde d'avance sur tous les autres concurrents. C'est énorme. Les skieurs le soulignent à l'unanimité : il va faire très mal le Bode ! Dénériaz ne cache pas son étonnement.

— Techniquement Bode est tout, sauf ce qu'on apprend aux jeunes. Il se positionne très en arrière sur ses skis. Je ne sais pas comment il fait avec ses chevilles mais il n'est jamais en dérapage. Il arrive à laisser filer ses skis même à deux doigts de la rupture. Il faut l'avouer, il a révolutionné le ski.

Bode Miller est un homme atypique. Tout est hors cadre. Le soir, il sort au Glacier Saloon avec quelques entraîneurs, il ne boit pas d'alcool. Le lendemain, il se sent nauséeux mais ne dit rien avant la course. Il reste fier et concentré. Il n'évoque jamais ses états de fatigue.

Le ciel éclaire la piste de sa lumière claire et bleutée pour le super-G. Son meilleur résultat en super-G est une septième place, il aimerait faire mieux. Hermann Maier n'a jamais été battu dans sa discipline de prédilection à Lake Louise (trois victoires en 1999, 2000 et 2003). Bode entre dans la cabine de départ, seul lieu capable de faire entendre la musique silencieuse du skieur. Lui seul l'écoute et à force, l'on finit par la percevoir à travers le silence, la fluidité, l'aisance, la précision. Les techniciens, les entraîneurs dans la cabane sont attentifs à chaque seconde et à chacun de ses microgestes. Chaque mouvement est serti, cadré, de sorte que l'on n'assiste qu'à des choses nettes. Bode reste immobile, presque inexpressif, il regarde vers les montagnes à travers la vallée. Il observe la piste glacée qui tombe dans la forêt. Un filet orange encadre le parcours, des lignes bleues jumelles sur la neige marquent la ligne de course. Le visage du tracé est activé. Comme en transe, il maintient ce calme insondable jusqu'à la dernière seconde. Les nerfs se construisent.

Bode s'élance et creuse de nouveau l'écart. Il est moins impressionnant, mais il garde un meilleur compromis entre agressivité et contrôle. Il finit premier, devant les Autrichiens Maier et Walchofer. L'Américain Daron Rahlves, champion du monde 2001 de super-G, complète la bonne journée américaine en s'octroyant la cinquième place. Bode termine son dernier virage en créant d'immenses gerbes de neige dans l'immensité du ciel. Il élève ses bras longtemps avant de voir qu'il obtient la première place.

— Je me suis senti phénoménal, peu importe le chrono. C'était un moment de ski fantastique !

Les entraîneurs voient chez lui une grande progression.

— Il est détendu maintenant, mieux placé, affirme Phil McNichol. Sa transition hors des virages est meilleure. Je dirais que le changement d'équipement a renforcé ce que nous avons essayé de créer chez lui. Il a épuré son style, en canalisant les mouvements des bras et surtout en passant d'un appui arrière dangereux à une position plus avancée sur les planches.

Bode réfute ces propos. Il skie dans la continuité de ce qu'il a toujours fait. Aucun coureur n'a appliqué avec autant d'exactitude le terme « laisser-aller les skis », non sans donner l'impression en certaines figures hasardeuses de se déchirer par le milieu. Bode continue de contester les encadrants de son équipe. Le staff aimerait qu'il se repose davantage, lui souhaite établir son propre calendrier. Alors Bode a la voie libre, on le laisse décider, son plan mental semble bien calibré.

Aujourd'hui, avec 300 points, il s'envole au classement général provisoire de la Coupe du Monde, loin devant la patrouille autrichienne gérée par Maier (136 points). Le 12 décembre, il gagne le géant de Val d'Isère. Le lendemain se joue le slalom de Sestrières. Depuis le début de saison, il semble s'écarter de sa discipline de prédilection. Les entraîneurs craignent qu'il ait du mal à maintenir son avantage technique en essayant de remporter des épreuves de vitesse. Le parcours s'annonce exigeant, d'abord abrupt puis plat. L'épreuve se court en nocturne, dans un cocktail de puissance et de souplesse, pleine mesure du slalom. Désormais surnommé le « killer des neiges », le leader de la Coupe du Monde avoue tout de même qu'il a progressé dans l'approche psychologique.

Beaver Creek, le 5 février 2015. Bode Miller s'élance à pleine vitesse sur la piste Birds of Prey au super-G des Championnats du Monde. Jusqu'à la chute et la blessure…

Bode Miller (argent), l'Autrichien Stephan Eberharter (or) et le Norvégien Lasse Kjus (bronze) sur le podium du géant des Jeux de Salt Lake City, en février 2002.

Les Américains Erik Schlopy (bronze) et Bode Miller (or) rayonnants à l'arrivée du slalom géant des Championnats du Monde de Saint-Moritz, en 2003.

Bode à l'entraînement pour la descente sur la Corviglia, lors des Championnats du Monde de Saint-Moritz en 2003.

Chamonix, janvier 2005. Le regard intense du champion, déterminé et concentré.

Bode aux entraînements de la descente de Lake Louise en novembre 2011.

Lake Louise, le 27 novembre 2004, première descente de la saison. Le vainqueur Bode Miller est porté par le Français Antoine Dénériaz (second, à gauche) et l'Autrichien Michael Walchhofer (troisième, à droite).

Bode à l'attaque dans la descente du combiné de Wengen, le 14 janvier 2007, une course qu'il terminera deuxième.

Deux amis au sommet de leur art : les Américains Bode Miller et Ted Ligety partagent le podium du slalom géant de Beaver Creek, le 8 décembre 2013.

Championnats du Monde de Bormio, le 3 février 2005. Bode perd un ski dans la descente du combiné et continue à filer, enchantant le public italien. Le 5, il prend sa revanche et remporte brillamment la descente sur la célèbre Stelvio.

Sestrières, février 2006. Bode dans la descente d'entraînement des Jeux de Turin.

Ci-contre : Bode en plein vol dans les célèbres Camel Jumps de la Saslong, à Val Gardena, en décembre 2013.

POC
SÖLDEN
VISA
Audi
Jack Wolfskin
NATURE VALLEY
USA
reusch
Sprint
BOOSTER
HEAD
Jack Wolfskin

Descente du Lauberhorn, à Wengen, le 13 janvier 2007.
Malgré sa chute juste avant la ligne d'arrivée, Bode remporte ce jour-là une de ses plus belles victoires.

— En slalom, vous devez à chaque porte choisir entre cinq ou six options en une fraction de seconde. À présent, disons que je choisis généralement les bonnes.

Des problèmes mathématiques d'une infinie complexité sont posés à chaque instant et résolus dans l'éclair d'une pensée active. La science des combinaisons produit des effets foudroyants. Une belle descente, c'est de l'intelligence en mouvement, de l'intelligence incarnée. L'esprit a pris pour instruments ses corps dociles. Dans son élan exceptionnel, Bode gagne la course et ce slalom marque un moment légendaire. Il devient le premier Américain à s'imposer dans les cinq disciplines, et le cinquième skieur de l'histoire. Il lui aura fallu seize jours pour accomplir cet exploit. Il rejoint le Suisse Pirmin Zurbriggen, Marc Girardelli, Autrichien de naissance mais Luxembourgeois d'adoption, l'Autrichien Günther Mader et le Norvégien Kjetil André Aamodt, les seuls capables avant lui de gagner en slalom, slalom géant, descente, super-G et combiné.

Un tel début de saison, c'est du jamais vu. Bode vit une période spéciale où tout semble s'accorder. Son mental se renforce, il semble inatteignable. Il a l'intelligence du geste juste. Tous les coureurs de la Coupe du Monde se montrent impressionnés, secoués par cette furie victorieuse. Maier lui tire son chapeau.

— Ce sont des champions comme lui qui font avancer le sport, clame Jean-Claude Killy.

Plus rien ne lui résiste. Les records, les comparaisons avec les champions du passé, comme Marc Girardelli, le laissent froid. Non par suffisance, mais en raison de ce besoin irrépressible de vivre vite et pleinement son temps. Il y a des titres de Championnats du Monde qu'il défendra à Bormio en février prochain – mais c'est le titre global de la Coupe du Monde qu'il entend rafler. Bode sait qu'il va probablement gagner l'ensemble « et probablement gagner d'autres Globes aussi – si je ne me fais pas mal ».

Il dit qu'il s'arrêtera sans doute après cela. Dans les hauteurs, on perd parfois le sens de la réalité. Au sommet, on lève les bras, on inspire une bouffée d'air frais, et il n'y a pas un seul nuage entre le ciel et soi. Tout pousse à croire que l'on en devient le ciel incarné. Le monde est de plus en plus petit en bas des pentes, mais il ne reste plus de quoi prendre de l'altitude. Bode se maintient au sommet, mais avec qui parler d'égal à égal si personne ne peut se mettre à son niveau ? Son propre talent finit par le consumer. Ce qui au départ était une salutaire progression se transforme doucement en sentiment de supériorité. Cette alarme qui se tapit dans ses entrailles n'est pas la seule, d'autres le guettent à l'extérieur. Quand on dévale les montagnes, avec un don pareil, c'est au détriment de son âme. Il se laisse flatter sans savoir que cette foule qui lui sourit peut l'étouffer dans son excessive chaleur.

8

Sur les routes des Alpes

Janvier 2005

Depuis toujours, la vie de Bode est dominée par un fort instinct de liberté. Sans cesse, il le répète.

— J'ai eu la chance de pouvoir penser par moi-même. Il est essentiel de laisser les enfants utiliser leur imagination, don le plus précieux de la nature humaine. C'est un privilège d'avoir des parents qui vous laissent la cultiver le plus longtemps possible. L'école, elle ronge chaque jour la créativité. La différence qu'il y avait entre les autres garçons de dix ans et moi était que je pouvais exprimer toute ma folie, parcourir les frontières entre la fantaisie et la réalité, et bien souvent sauter la clôture qui les séparait. Cette différence existe encore probablement avec la plupart des adultes.

Cette ambition nourrit un anticonformisme troublant le règne des fédérations organisatrices de la Coupe du Monde, qui campent sur des principes solides et des règles inébranlables. À force de ne pas fonctionner comme les autres coureurs, Bode intrigue. « Il est différent de tous les autres » explique l'entraîneur de l'équipe de ski des États-Unis, Phil McNichol, qui rit souvent du manque de discipline de son champion. Bode délaisse les nombreuses réunions avec l'équipe, il ignore les rituels avant les départs. McNichol est l'un des rares à accepter que cet individualisme fasse partie intégrante de son génie.

— À bien des égards, il est encore un enfant. Il est pur dans ses actes et son caractère. Il est le type le plus complexe à gérer, mais il est tellement bon.

Certains perçoivent plutôt de l'égoïsme. La plupart de ses coéquipiers ont choisi d'ignorer la tension. Ils l'apprécient.

Partout où passe la Coupe du Monde, des banderoles portant l'inscription «Go Bode» s'agitent aux fenêtres des chalets. Ses supporters sont partout. Ils le suivent, le traquent, espèrent un autographe. Bode désapprouve ces comportements. Il ne voit que dépendance stupide et absence d'identité. Il est épuisé par ce qui accompagne sa célébrité – les conférences de presse, l'examen sept jours sur sept des médias européens fougueux, les rencontres publiques.

— Je n'aime pas la comédie qui accompagne tout cela. Je n'aime pas les réunions avec les journalistes, les interviews pour la télé. Je n'aime pas les papas qui sont complètement obsédés par une vedette sportive. Je dois sourire sur la photo, mais je suis comme un singe dans un zoo. C'est dégradant. Je ressens vraiment ça comme une intrusion dans mon intimité, comme une violation de ma sphère privée et de mon temps.

Il lance sa première émission de radio. «The Bode Show» est diffusé à 19 h tous les jeudis sur Sirius Satellite Radio. Il s'agit d'un format libre, sans publicité, composé de musiques, d'informations sur la carrière de Bode, d'entretiens avec ses amis et ses coéquipiers. Il ne sera pas censuré. Il doit pré-enregistrer lui-même ses émissions lorsqu'il est en compétition sur le circuit. La chaîne souhaite offrir à ses fans une vision de son quotidien.

Quand il arrive sur le site d'une course de Coupe du Monde, Bode passe souvent trois heures avec Rahlves à signer des autographes pour Atomic, puis trois autres heures pour une rencontre avec les médias organisée par l'entreprise de pâtes Barilla, un autre de ses sponsors. Et quand il prend une bière dans un bar de la station, il déchaîne les journalistes présents.

— La seule chose qu'il voudrait, explique Jo, sa mère, est plus d'espace pour lui-même.

Il n'assume pas son sponsor Barilla. Il entre dans une logique capitaliste dont il s'est toujours senti éloigné. L'enfant de la contre-culture américaine porte désormais le logo de la marque sur sa casquette. Il est plutôt du genre à déclarer dans une interview: « Le monde tournerait mieux si les gens pensaient par eux-mêmes et se faisaient confiance au lieu de suivre les publicités ou les médias ». La gloire l'enrichit, il signe des contrats faramineux mais il reste tiraillé par ses valeurs propres. Il a gagné des Coupes du Monde. Il est destiné à prendre place dans l'univers des héros. Il devient une enseigne publicitaire traitée, retraitée, recyclée au même titre que les stars du show-biz, les sex-symbols vantant les mérites des machines à laver, des shampooings, des friandises. Bode voulait pénétrer le paradis, mais il découvre les grandes surfaces. Il continue, toutefois, à fuir les mondanités et reste sourd aux invitations de la Maison Blanche. Il désapprouve George Bush, son intervention en Irak et sa politique sociale.

— Je donne une meilleure image des États-Unis que mon gouvernement, déclare-t-il.

Son pays semble ignorer ses exploits, mais Bode s'en moque. Il est là pour skier. Après, il reprendra sa vie d'avant. Elle lui manque déjà.

Il prend conscience du temps qu'il passe aux entraînements. Sa persévérance, son endurance lui donnent le vertige. Sans être rentré dans le moule classique du sportif de très haut niveau, il continue de tracer sa voie originale, tourné vers la recherche du plaisir et de la liberté. Au-delà des obligations inhérentes au succès, il faut réussir à supporter l'intense parcours de la Coupe du Monde. Tout semble se dérouler de la même façon : le lundi ou le mardi, les skieurs se rendent dans la station organisatrice. Ils sont dirigés vers leurs hôtels, prennent un peu de temps pour s'installer. Des réunions avec les équipes sont organisées. Ils reconnaissent les tracés, puis font un, deux ou trois entraînements en descente. Enfin, la descente est lancée, le test antidopage suit. C'est au tour des autres disciplines, les jours d'après, toujours suivies des tests antidopage. Après chaque course, il faut de nouveau faire ses bagages, rapidement, pour espérer passer un jour ou deux avec la famille. Et puis, ils repartent sur une autre course, ailleurs, dans une autre station.

— Les hôtels commençaient à me ficher le blues, j'avais envie d'un chez moi, d'un environnement familier, explique Bode.

C'est donc pour créer des sas de décompression qu'il décide de vivre dans un grand camping-car conduit par son ami d'enfance Jake Serino. Ce véhicule comprend tout ce dont il pourrait avoir besoin : un réfrigérateur et un congélateur, une télévision par satellite à écran plat. Il y passe de nombreuses heures à lire.

— J'ai sous-estimé mon appétit de lecture et me suis retrouvé à court tôt dans la saison. Heureusement, ma mère et ma sœur m'ont envoyé une nouvelle cargaison de livres pour Noël.

Actuellement, il est plongé dans *Cent ans de solitude* de Gabriel Garcia Marquez. Jake devient son cuisinier attitré, spécialisé dans les omelettes au fromage.

Les Autrichiens sont hébétés. Hermann Maier s'exclame à son sujet :

— Bode est le meilleur de cette exigeante saison en vivant comme au camping.

Au sein de la Fédération autrichienne de ski, il existe une telle discipline que personne ne pourrait jamais vivre de cette manière. Bode a réussi à négocier avec son équipe. Ses victoires lui permettent de garder sa liberté. Il retourne chaque soir dans son propre royaume où s'entassent dans un espace restreint des anoraks, des chaussures de ski, des gants, des casques, des masques et d'autres équipements, mais au moins il se sent chez lui et il se repose.

— Il y a une chose à retenir de son fonctionnement : en se plaçant en dehors de l'équipe et du système, il parvient peut-être à se détacher de la pression ambiante, souligne Jean-Pierre Vidal, champion olympique de slalom à Salt Lake City en 2002. Pour lui, il y a la course et il y a ce qui existe à côté.

L'équipe a compris qu'il fallait céder sur ce point. Bode a besoin de calme et d'indépendance.

— Je suis convaincu que nous prenons la bonne décision en acceptant cette spécificité, tout va bien se dérouler ainsi. Nous estimons que c'est ce qu'il y a de meilleur pour lui, déclare l'entraîneur Phil McNichol à Associated Press.

Bode a utilisé un polysomnographe, un dispositif qui surveille la qualité du sommeil (contrôle le cerveau, le cœur, les muscles, l'activité rythmique respiratoire) afin de démontrer scientifiquement que vivre dans un camping-car n'est pas un caprice, mais une nécessité. Il a souhaité prouver que la norme ne lui convient pas. Le repos est fondamental pour le sportif.

— Je ne parviens pas à dormir correctement à l'hôtel et c'est dévastateur. Les gens disent que je fais les choses différemment, comme si quelque chose n'allait pas, énonce-t-il. Je suis surpris qu'ils ne regardent pas certains de mes succès et ne se questionnent pas sur mes méthodes. C'est un peu la même chose pour mes entraînements. La plupart se moquent du choix de mes pratiques, pourtant elles sont redoutables.

Il travaille ses muscles et son corps tout entier comme l'artisan forge sa lame. Quand il peut se rendre à Tamarack, il profite d'un programme spécial qu'il connaît depuis tout jeune, éloigné des salles de gym. Dans la maison familiale, son oncle Mike a poussé les meules de foin pour lui construire une machine de torture, la machine E-centric, avec laquelle il soulève des kilos de fonte pour sculpter sa carcasse, avant d'enchaîner, toujours avec lui, par des haies, des sprints et des sauts dans les forêts. Il accède à l'être élastique. Expansion, contraction. Les muscles, il ne craint pas de leur rentrer dedans. Chaque skieur a besoin d'endurance, de puissance, de vitesse, de souplesse et d'une certaine capacité de coordination. La préparation physique permet de diminuer le risque de blessures et d'augmenter la performance.

Conditionner certains réseaux musculaires demeure vital. Le ski est un sport complexe, il sollicite les muscles des jambes jusqu'aux muscles des orteils. Pour la puissance et la condition physique, Bode utilise une brouette remplie avec 20 kg de pierres. Il s'agit ensuite de grimper la pente avec cette dernière. Ce type d'exercice permet d'exercer un contrôle sur les masses en mouvement, l'une des bases du ski alpin. Pour travailler sa position courbée en descente, avec les jambes fléchies, il remplit son sac à dos de matériel lourd et descend une pente en courant. La tonicité de sa musculature devient sans égale. Afin de perfectionner son équilibre, il conduit un monocycle dans les montagnes escarpées. Il assimile la géométrie du corps dans l'espace sur les parois rocheuses. Enfin, dès qu'il le peut, il part courir près d'un ruisseau et reprend cet exercice mythique désormais : courir le long de l'eau en sautant uniquement sur les pierres qui émergent.

Avec cet entraînement, il est sûr de pouvoir travailler sa souplesse. Ajoutée à une puissance rare, elle lui permet de rattraper des situations de déséquilibre extrême, mais aussi d'obtenir une efficience maximale. Bode a la capacité de réduire sa phase de courbe de plusieurs mètres, autant de distance gagnée en ligne droite. Jouir et endurer. Durant les entraînements, il s'accroche à la pente, vingt fois, trente fois de suite, tremblant. Il parvient au sommet les joues pâles, il gémit, puis il redescend, en accélérant. Il s'entraîne furieusement. À la fin, souvent, il en vomit.

Sur le circuit de la Coupe du Monde, il manque régulièrement les entraînements en salle, préférant retrouver ses coéquipiers pour un basket, un foot, tout ce qui peut apporter du plaisir et l'éloigne de l'ennui.

— Il veut être tellement autonome et non conformiste. Mais il évolue dans un sport qui est par définition conformiste, avec des règles, une notation, une structure. Il faut se plier aux exigences de l'équipe, confie Phil McNichol.

Carrie Sheinberg, ancienne skieuse olympique devenue journaliste, n'a pas manqué de déclarer :

— Bode présente un réel problème pour l'équipe, il est devenu l'enfant maléfique de l'équipe de ski.

Sa vie marginale ne gêne pourtant pas ses coéquipiers, au contraire, il reste très apprécié de tous. Ce sont surtout les instances supérieures qui pointent la question.

Depuis 1974, l'équipe de ski des États-Unis est basée à Park City, en Utah, une ancienne ville minière repliée dans une vallée inondée de soleil, sur la face douce des Wasatch Mountains. La ville avait accueilli les épreuves de géant aux Jeux Olympiques de Salt Lake City. En hiver, les orages traversent le désert du Nevada, concentrent l'humidité au-dessus du Great Salt Lake et éclatent au sommet du Mont Nebo à 3 600 m d'altitude, déposant la neige la plus légère et la plus sèche du monde.

L'équipe de ski des États-Unis (USSA) possède une structure aux contours élastiques, elle évolue en fonction des athlètes qui la rejoignent. Certains restent plusieurs années, d'autres une saison seulement. L'entité ne possède pas de propriétaire propre et ne verse pas de salaire à ces sportifs. Contrairement à la plupart des autres fédérations nationales de ski, l'USSA n'a jamais reçu de financement substantiel de la part de son gouvernement national. Les administrateurs de l'équipe travaillent à recueillir des millions de dollars auprès de commanditaires, de mécènes, partenaires et donateurs privés. Chaque athlète signe un accord avec l'USSA, qui a le droit, avec certaines restrictions, de lever des fonds en vendant le nom, l'image, la voix et les informations biographiques de l'athlète. L'USSA promet ensuite l'exclusivité catégorique aux partenaires. Pour les quelques stars de l'équipe, cet accord devient parfois un obstacle, mais pour la grande majorité des athlètes, le signer chaque année reste une évidence. Alors que les meilleurs peuvent gagner des millions grâce à leurs résultats et leur notoriété, la plupart des membres de l'équipe ne perçoivent que peu d'argent, accumulant des prix et des ententes avec les petites entreprises. La compétition à haut niveau empêche évidemment toute autre activité parallèle. Certains coureurs tentent des collectes de fonds. Tout cela semble injuste à première vue, étant donné les 30 millions de revenus bruts que l'USSA pourrait tirer chaque année de ses bienfaiteurs. Mais le programme d'entraînement et de course que l'équipe offre vaut plusieurs centaines de milliers de dollars pour chaque skieur.

C'est pour cette raison que la sélection reste extrêmement exigeante. Le choix des membres de l'équipe nationale est la tâche la plus délicate pour les entraîneurs. On y retrouve d'anciens coureurs encore performants, mais aussi des nouveaux venus issus de ski clubs ou d'académies spécialisées. Ces coureurs se distinguent en premier lieu grâce au classement FIS, qui est le même pour tous les athlètes mondiaux. Le ski alpin reste une discipline très mathématique. Tout nouveau coureur commence avec 990 points FIS dans chaque discipline. Chaque nouvelle compétition est une occasion de réduire ses points. Les résultats sont pondérés en fonction de la compétition, de sa renommée, des concurrents, du nombre de points du skieur qui ouvrira la course. Le système de points FIS, constamment mis à jour sur le site web de l'organisation, classe tous les coureurs du monde, du plus novice au meilleur. Il est un parfait repère pour évaluer le niveau d'un skieur. Bode reste l'exception. Il n'a pas été choisi en raison de ses points, trop élevés selon l'équipe. Il lui fallut une brillante course, fulgurante, le jour des qualifications en 1996. Il n'avait jamais été choisi ou invité à s'entraîner avec l'équipe nationale. Son parcours montre à quel point le vrai talent ne se révèle pas toujours dans les classements.

Aujourd'hui, Bode veut prouver qu'il n'est pas obligé de rester constamment avec son équipe pour obtenir de bons résultats.

— Pour certains, réussir demande énormément d'entraînement, pour d'autres, d'avoir le parfait coach ou un matériel irréprochable. En ce qui me concerne, cela repose sur mon approche mentale. J'ai besoin de savoir que j'ai pris en considération tous les facteurs maîtrisables, que je les ai abordés du mieux que je peux et que je gère autant que possible ceux sur lesquels je n'ai aucune influence. J'essaie aussi de composer avec la pression extérieure de ceux qui souhaitent ma réussite. Cela m'a pris du temps pour y parvenir, mais mon expérience fait désormais la différence. Je me connais bien.

Parce qu'il compte courir toutes les compétitions, beaucoup disent qu'il se fatigue. La plupart des coureurs mettent de côté au moins une des disciplines de course pour perfectionner leur technique et se concentrer sur l'excellence dans les autres épreuves. Laisser passer une course permet aussi de se reposer sur une Coupe du Monde éprouvante, couvrant quarante-trois compétitions dans dix-huit stations environ durant quatre, cinq mois.

— Bode a parfois manqué de gaz, reconnaît Phil McNichol. Et vous pouvez l'alerter. Mais il a sa propre réponse à cela. Il le fait car il a envie de skier. Il va courir dans chaque course parce qu'il le veut, il le sent et si le titre global s'ajoute à cette frénésie, alors ce sera parfait.

— À moins d'être blessé, quel est le but de ne pas faire de course ? confirme-t-il. N'ai-je pas choisi de faire cela pour courir chaque fois que je le voulais ?

À la veille des Championnats du Monde de Bormio et en lice pour le titre de la Coupe du Monde, Bode se sent invincible.

— J'essaie de mener ma vie comme je l'entends. Je suis le seul à savoir ce qui est bien pour moi. Je ne suis pas du genre à avoir des regrets car je soumets chaque décision à un processus qui élimine toutes les influences néfastes qui pourraient me faire prendre le mauvais cap. J'établis des priorités et je m'y tiens. Je suis patient et j'applique cette méthode jusqu'à ce que j'obtienne ce à quoi j'aspire. Je suis parvenu à adapter ce processus de manière à pouvoir l'appliquer en course. C'est pour cela que je n'ai pas trop de remords à l'arrivée, même lorsque j'ai fait des erreurs.

Le ski ça se joue avec la tête et en disant ça, il indique de l'index que c'est à l'intérieur de la tête qu'il faut chercher le secret. Petit sourire en coin, il ajoute qu'il faut aussi savoir s'offrir des folies. Il sait que parfois, lorsqu'il touche la limite, il peut encore aller plus loin.

9

La Stelvio

Bormio, février 2005

Vingt ans après, Bormio accueille de nouveau les Championnats du Monde. 450 athlètes venus de soixante pays vont se disputer durant dix-sept jours les titres mis en jeu. Plus de 100 000 personnes sont attendues autour des pistes de Bormio et de Santa Caterina.

Bode rejoint cette compétition comme un cow-boy qui ouvre les portes battantes d'un saloon et offre une tournée générale de whisky. Il remporte le super-G, la course d'ouverture. Pourtant, dès le départ, en poussant sur ses bâtons, il commet quelques erreurs qui le ralentissent. Plus tard, il se déporte loin de la piste, il se bat, insatiable attaquant, pour rester dans le tracé. Il adopte une attitude agressive sur le reste du parcours, et cela fonctionne.

— Lorsque j'ai reconnu la piste, j'étais enthousiaste et je pensais que la neige allait parfaitement convenir à mon style. Mais le début fut épique. J'ai touché la neige avec les fesses. Ce n'était pas bon signe. J'ai ensuite été très agressif et ça a payé. Même si, en franchissant la ligne, je n'espérais aucune victoire. Cette course a bénéficié de conditions phénoménales. Tu ne pouvais espérer meilleure neige pour un super-G.

Benjamin Raich et Hermann Maier remportent les places suivantes. Bode est le grand gagnant devant les forces combinées de l'Autriche.

— Parfois, vous gagnez des médailles avec du mauvais ski, et parfois vous gagnez avec un bon ski. Aujourd'hui, c'était un mélange des deux pour moi, déclare Bode.

L'épreuve du combiné se déroule quelques jours plus tard, le 3 février. On retrouve Bode dans le portillon. La chanson *Born to be Wild* des Steppenwolf retentit. Cela devient un rituel. On l'entend à chaque départ de ses courses. Il s'élance et avale les premiers reliefs avec aisance. Il atteint rapidement les 130 km/h. Après quinze secondes, il commet une petite erreur et... perd son ski !

Il ne tombe pas, conserve sa vitesse et entame le virage d'après sur un ski, puis celui qui suit de la même façon et, funambule, il poursuit sa descente ainsi. Il rit, il s'amuse, fait des signes au public qui en redemande. Les commentateurs sportifs crient au génie. *Mamma mia! Chè equilibrio!* Il parvient à enchaîner les portions les plus délicates, ne recule devant aucun obstacle et ralentit peu de temps avant l'arrivée. De ce combiné, on ne se souviendra pas de la victoire de Benjamin Raich. La descente rocambolesque de Bode marquera toutes les mémoires.

— La plupart des coureurs pourraient skier sur un ski, mais pas aussi facilement que lui, je suppose, déclare Aksel Lund Svindal, un jeune Norvégien qui a terminé deuxième derrière Raich.

Bode a conservé une vitesse importante, il a tenté la position aérodynamique pour épater les photographes et les entraîneurs alignés le long du tracé. L'un d'eux, cependant, ne semble guère impressionné. C'est son entraîneur, Phil McNichol. Il n'y a vu que le risque, immense, celui de la blessure qui aurait pu mettre un terme à sa folle ascension de ses derniers mois.

— C'était tout bonnement inutile, renchérit Raich, son parfait opposé.

Raich n'hésite pas à manquer les courses les plus difficiles par précaution.

— Ce n'est pas bon pour lui, poursuit-il, je ne comprends pas pourquoi il a mis autant de pression sur ses cuisses alors que la descente a lieu dans deux jours. Il va avoir besoin d'un très bon massage !

D'autant que la descente sur la mythique Stelvio est considérée comme la plus physique de la Coupe du Monde. Elle démarre à 2 255 m d'altitude juste en dessous du sommet du Monte Cimino. Le parcours s'étend sur 3 270 mètres pour 1010 mètres de dénivelé et atteint la ligne d'arrivée dans le stade moderne près de la ville de Bormio. Spectaculaire, elle est toujours appréciée des compétiteurs. Elle ne laisse aucun répit et demande une grande énergie dès le départ. La vitesse de pointe reste importante, la vigilance est de mise. Souvent verglacée, la Stelvio possède deux passages clés : celui dit de Carcentina, une diagonale abordée à vive allure qui tend les muscles, et celui du Saut de Saint-Pierre, un bond de plus de quarante mètres à 140 km/h. Il faut se battre pour dompter la Stelvio, et surtout aimer prendre des risques, avec puissance et contrôle. Elle s'apparente à une ogresse qui dévore les muscles.

Tôt le matin du 5 février, jour de la course, debout sur un flanc de montagne endormi, Rahlves et Miller échangent sur les différentes façons d'aborder tactiquement le parcours. Les quelques arbres qui se penchent, ébouriffés sur les pentes, ont la gueule de bois du réveil trop matinal. Les deux coéquipiers observent, ensemble, les portions délicates de la piste, celles où il faudra attaquer, et d'autres où il faudra jouer la prudence. Bode n'hésite jamais à partager son point de vue, à donner des clés à ses amis, il les encourage avec une profonde sincérité.

Malgré leurs objectifs communs, Miller et Rahlves sont des personnages radicalement différents. Ils se respectent et tissent un lien fraternel. Daron Rahlves, 83 kg, est obsédé par son aérodynamisme pour compenser sa petite taille. Bode Miller, 97 kg cette année, est plus désarticulé dans sa quête d'équilibre. Rahlves conserve toujours sa posture compacte, même lorsqu'il vole à plus de cinquante mètres au-dessus de la neige. John McBride, l'entraîneur en chef de l'équipe US en descente et en super-G, dit de Bode qu'il a tendance à « faire l'albatros » sur les sauts de la Coupe du Monde. Rahlves aime passionnément le ski freeride, les couloirs étroits, les pentes raides, la poudreuse. Dès qu'il le peut, il s'échappe dans ces espaces vierges et sauvages. Ce ski demande une grande précision et une maîtrise totale des mouvements. Un virage mal abordé peut causer de dangereux accidents entre les rochers, déclencher des avalanches. Rahlves aborde une course de Coupe du Monde en l'analysant. Il descend lentement la pente et observe avec précision chaque aspect stratégique. Il cherche des conseils sur la façon de négocier des sauts aveugles et des virages serrés.

Bode, lui, n'a pas vraiment d'habitude. Il se peut qu'il y passe du temps, un matin, avec les autres surtout. Il donne ouvertement sa vision du tracé. Souvent, il apparaît furtivement, fait le tour en quelques minutes, échange trois mots avec l'équipe et se retire dans un endroit calme avec un livre. Ce matin-là, il passe sept minutes sur la piste alors qu'Hermann Maier utilise le créneau complet d'une heure qui lui est attribué. Cette ténacité autrichienne ravive l'orgueil des deux Américains. Rahlves aime l'audace de la Stelvio, il possède les jambes parfaites pour elle. Bode vit sa période dorée. Ils vont y aller et ils vont le faire. Toute cette pente, c'est la découverte ouverte et radicale, le perpétuel nouveau ; toute cette pente, c'est l'horizon blanc projeté entre les deux tempes ; toute cette pente, ils la dévalent tous deux, grande vitesse et caractère trempé, ils la veulent glissante, incertaine, dangereuse et instable, risquée, foudroyante, rouge, ils veulent l'écrire en partition codée, ils ne veulent pas la lire, mais désirent l'éclat.

La magie opère. Bode gagne et Daron termine deuxième. Cette victoire, il la doit en partie à un petit numéro de dossard qu'il s'est volontairement approprié la veille, lors du dernier entraînement, freinant avant de couper la ligne.

— Même si certains en doutaient, pour moi, c'était incontestablement un avantage de partir dans les premiers.

La visibilité était mauvaise pour les premiers dossards, les bosses restaient alors plus difficiles à anticiper, mais il désirait avant tout faire ses propres traces.

— Bénéficier de la neige fraîche et être le premier à dessiner les courbes que d'autres ensuite ont empruntées constituait un énorme atout.

Même s'il est arrivé épuisé, les cuisses en feu, Bode prit du plaisir, attaquant dès les premiers mètres.

— Aux Mondiaux, tout est question d'exécution. Bien sûr, cela requiert des qualités et une bonne préparation, mais surtout la capacité de se surpasser le temps d'une course d'un jour. Sans vouloir paraître présomptueux, je pense que nous étions les deux gars qui en étaient le plus capables.

Rahlves ne cache pas sa joie.

— Je suis super fier de ce que Bode a fait cette année, surtout aujourd'hui. Quand il s'agit de grandes courses, tous les deux, nous savons être intenses, nous avons une grande confiance en nous-mêmes, et nous sommes prêts à tout mettre en ligne.

Les entraîneurs explosent de joie. La victoire est immense. Maier termine loin.

— Je pense qu'Hermann se sent blessé, confie son coéquipier Michael Walchhofer, qui termine troisième de l'épreuve. On ne sait jamais comment il réagira.

Ces Championnats du Monde marquent l'histoire. Un Américain monte sur les premières marches du podium en descente, lors de championnats mondiaux, dans un sport inventé et dominé par des Européens entraînés.

— Je n'ai vraiment aucune faiblesse, lance Bode.

Ses déclarations apparaissent prétentieuses, mais dans les rangs réglementés de ce sport, son courage et sa franchise dynamisent les esprits. L'équipe fête l'événement dans une belle allégresse. Bode est le grand champion mais il n'oublie pas son ami.

— Rahlves, parfois, quand je le vois descendre, c'est comme si pendant un moment j'habitais son corps. Je sais les gestes qu'il va exécuter et comment il va s'y prendre. Je sens les mouvements de terrain comme lui. On a le même flair. Ce que j'ai senti me plaisait. J'ai respiré très profondément. Ça ressemblait à une grande goulée de bonheur et quand le bonheur déboule comme ça dans la poitrine, c'est que le ski commence à ressembler à ce que j'aime et que la course se met à vivre pour de bon.

Rahlves l'applaudit sans jalousie.

— Je pense qu'il est un concurrent sérieux, il sait ce qu'il fait et je le respecte car il attaque vraiment.

Le 10 février, Daron est encore là, mais cette fois-ci sans Bode. Lancé dans la première manche de géant, Bode chute, il est propulsé dans les barrières publicitaires longeant le tracé. La course est terminée pour lui. Rahlves décroche le meilleur temps de la première manche. Mais son espoir de médaille s'envole lors de la deuxième manche. Un coup de frein malheureux le ralentissant durant dix secondes lui coûte une victoire. Il termine néanmoins troisième. Raich fera une deuxième manche parfaite et remporte la deuxième place. Hermann Maier gagne la course.

Maier était si déçu après son échec en super-G et sa débâcle en descente qu'il a tout donné pour quitter ces Mondiaux la tête haute. Depuis quelques jours circulait la rumeur d'une possible retraite. L'intéressé n'a ni confirmé ni infirmé cette éventualité.

— J'ai la chance d'avoir encore ma jambe. C'est plus important que les Jeux Olympiques.

Maier était connu pour ses colères occasionnelles et ses sautes d'humeur. Il est revenu transformé de son accident.

— Le ski n'est pas ce qui compte le plus désormais, déclare Andy Evers, son entraîneur depuis de longues années. Pour Maier, les hauts ne sont pas aussi élevés qu'ils l'étaient autrefois et les bas ne sont pas aussi bas.

Ce succès en or aux Mondiaux, qu'il n'avait plus connu depuis 1999, prend une résonance particulière.

— C'est pour moi une satisfaction extraordinaire. Il s'est passé tellement de choses depuis six ans. C'est incroyable. Un rêve devenu réalité.

Une médaille qu'il classe parmi les plus précieuses de sa vaste collection.

— Elle a un prix. Celui des efforts qui m'ont permis de tenir à nouveau sur mes jambes après mon accident. Elle a le prix de la lutte engagée pour retrouver mon meilleur niveau. Aujourd'hui, chaque victoire est plus belle que celles obtenues par le passé. J'ai travaillé plus intensément pour gagner aujourd'hui. J'ai une équipe plus grande autour de moi, de nombreux entraîneurs qui ont tous contribué à ce succès.

Aujourd'hui, c'est un Maier nouveau, plus humain, que les coureurs côtoient. Bode le souligne.

— J'ai eu des conversations avec Hermann. Il m'a confié qu'auparavant il était parfaitement adapté au moule autrichien : il travaillait dur, il était sérieux et persévérant, il visait uniquement les victoires. Puis il a eu cet accident qui a failli lui coûter une jambe. Sa vie s'est transformée. Il a tout fait pour revenir et courir de nouveau en Coupe du Monde. Mais il est revenu changé. Il n'est plus le même. On le voit lorsqu'il skie, c'est une autre personne. Pour lui, le fait de pouvoir disputer une course est une victoire en soi. Et même s'il ressent toujours la pression de son équipe, il m'a avoué être personnellement moins rigoureux et intraitable.

Si Bode gagne le slalom le samedi 12 février, alors il deviendra le premier homme à gagner dans les cinq disciplines aux Championnats du Monde, après avoir remporté le slalom géant et le combiné en 2003. Bode ne vise pas spécialement la victoire, mais ses entraîneurs ne manquent pas de lui rappeler ce potentiel palmarès. La nuit avant la course, les températures élevées ont ramolli la neige et de profonds cratères se sont creusés autour des piquets au passage des premiers skieurs. Pour toutes les épreuves masculines de slalom en Coupe du Monde, les organisateurs injectent de l'eau dans la neige une semaine avant la course, transformant la piste en une véritable patinoire. Pour la course de samedi, ils ne l'ont pas fait, en partie à cause du calendrier serré de ces Championnats. La frontière entre la vitesse et la disqualification sera donc très mince. Dans ces conditions, Bode n'est pas le meilleur. Il peut manquer de subtilité.

La piste devient un terrain miné. Bode sort du tracé et Raich gagne. Les journalistes se ruent sur eux dans l'aire d'arrivée. Bode, lassé, n'a rien à ajouter.

— Vous avez tous vu ce qu'il s'est passé : j'ai skié.

Raich est une personne plus discrète. Dans ses temps libres, il parcourt la forêt appartenant à sa famille. L'été dernier, avec son père, ils ont choisi un arbre pour fournir le noyau en bois de ses skis de course. Les journaux autrichiens lui ont donné un surnom affectueux : Big Ben, comme un hommage à un champion fiable, solide et assez stoïque.

Les Championnats du Monde s'achèvent et Bode remporte deux médailles dans les épreuves de vitesse. Lorsque ces compétitions ont débuté, il a amusé la foule en admettant qu'il avait utilisé la médaille d'or qu'il avait remportée aux Championnats du Monde de 2003 à Saint-Moritz comme contrepoids pour un siège de WC. Il ne l'a jamais retrouvée ensuite. La récompense tangible ne l'intéresse guère, cela ne l'affectera pas. La nuit après sa descente à Bormio, il oublie sa veste en cuir, avec une médaille d'or au fond d'une poche, dans une discothèque branchée de la station. On ne change pas un skieur qui gagne.

Quelques mois plus tard, Bode décroche sans grande surprise une autre récompense, le Globe de Cristal, qui couronne le vainqueur de la Coupe du Monde, toutes disciplines confondues. Il est le meilleur du circuit.

— Bode a été prêt à prouver au monde entier qu'il pouvait le faire à sa manière, déclare Jesse Hunt, le directeur alpin de l'équipe de ski des États-Unis, qui a invité Bode à rejoindre l'équipe en 1997 et l'a entraîné à tous les niveaux.

Il a une fois de plus fait preuve d'imprévisibilité, en imposant son style et sa méthode si singulière. Personne ne réussit à le comprendre. De nombreuses personnes du milieu pensaient qu'il ne décrocherait pas cette récompense. Phil Mahre, le dernier Américain à la gagner, imaginait que Miller échouerait en raison de son arrogance et de son indépendance. Mais Bode a investi tout son temps et toute son énergie pour imposer son style victorieux.

L'été qui suit cette grande victoire, Bode rentre à Tamarack. Il est des gens pour qui l'enfance est une terre ferme sur laquelle ils ont plaisir à accoster quand la vie chavire. Ses parents perçoivent la nouvelle gloire qui entoure leur fils. Woody l'interroge à ce sujet et découvre que Bode se sent piégé. Il est épuisé. Après son triomphe tant désiré, qui l'a rendu si heureux, il entre dans une période mélancolique et indécise. Il ne sait s'il doit continuer à skier, et s'il doit le faire pour les entreprises dont les noms marquent son équipement pour quelques millions de dollars par an. Il semble affecté et tiraillé. Il meurt de la perte de son intimité.

— J'ai vu ce qui est arrivé à mon mode de vie en Europe, et ce n'est pas joli. Ce n'est certainement pas pour ça que je suis entré dans les courses de ski.

Il hésite à s'engager pour les Jeux Olympiques de Turin qui auront lieu l'année prochaine. Les habitants de Cannon Mountain restent fiers de Bode et sont ravis de le retrouver, chaque été, ou chaque fois qu'il a l'occasion de souffler. Ils sont fiers de son palmarès, mais peut-être plus fiers encore de la façon dont il s'est conduit. Il n'y a rien de faux à propos de Cannon Mountain. Les gens là-bas sont des solitaires, mais ils ne sont pas seuls, ils se rassemblent pour d'innombrables événements, des sports aux mots croisés, en passant par des tragédies. Les enfants n'hésitent pas à dire ce qu'ils pensent. Ils défient les choses et les gens. Comme Cannon, Miller peut être difficile, mais c'est le pendant d'une certaine harmonie. *Live Free or Die.*

Il voulait la gloire, il en avait un désir pur et farouche qu'on aurait jugé dérangeant chez quelqu'un d'autre. Mais la célébrité lui est devenue insupportable. Une situation complexe à gérer dans un pays comme l'Amérique. Dans cette bataille épique, tout comme dans la multitude de confrontations qui ont façonné son histoire, son instinct le pousse à l'effort. Il veut dominer, et il y parvient, repoussant les limites du possible. Mais il se rend compte, mieux que quiconque, que son temps est précieux. Il protège sa tranquillité. Il devient difficile à approcher. Ce n'est pas pour autant un ermite ou un timide. Il sort le soir, on peut le voir au comptoir d'un bar. Il aime danser sur les franges de l'existence. Parce qu'en dévalant les pentes, il y a une autre leçon à apprendre. Pas sur sa position ou l'angle parfait à atteindre, mais sur la vie. Il n'y a peut-être aucun autre sport qui procure autant d'émotions.

10

Un tourbillon médiatique

Janvier 2006

À la fin de l'année 2004, l'Autrichien Hans Knauss est contrôlé positif à la nandrolone lors de contrôles antidopage, trois semaines après la descente à Lake Louise, au Canada. Il clame son innocence.

— Je n'ai jamais pris de produit dopant et je n'en prendrai jamais.

Le faible taux détecté (4,2 mg/l contre les 2,5 autorisés) prouve qu'il n'y avait pas de volonté délibérée de dopage. Cela provenait d'un complément alimentaire contaminé. Knauss poursuit la société américaine responsable de cette production et réussit à réduire la suspension de courses qui lui avait été infligée de deux ans à six mois.

Cette affaire aurait pu mettre un terme à sa carrière. La FIS contrôle régulièrement les quatre premiers classés de chaque course de Coupe du Monde, ainsi que d'autres coureurs choisis au hasard. Le ski alpin reste presque totalement préservé des scandales de dopage. De nombreux skieurs se sentent agressés par ces règles. Même Hermann Maier, qui a la réputation d'être droit et de ne jamais contester les autorités, déplore le manque de souplesse. Il doit inspecter avec précision tout ce qu'il consomme quand il voyage, vérifier chaque médicament qu'il compte absorber, informer les autorités de ses potentielles sorties entre amis. Il se sent parfois traité comme un « criminel ». Depuis l'incident de Knauss, toutes les boissons de l'équipe de ski autrichienne sont surveillées de près. L'ensemble du système de contrôles antidopage est assez discutable. Les résultats dépendent de leur technicité, de leurs entraînements. Les substances interdites ne pourront jamais transformer un athlète confirmé en un champion. Il ne s'agit pas uniquement de courses d'endurance ou de tests de force. La ténacité et l'explosivité sont essentielles et elles sont le fruit d'années d'entraînements, de technique, de recherche du geste parfait.

Bode revient sur l'affaire Knauss le jour de l'ouverture de la Coupe du Monde en 2005, en arrivant à Sölden. Lors d'une conférence de presse dans le hall de l'hôtel Central, il dénonce l'hypocrisie et l'inefficacité du système antidopage. Il provoque l'assemblée en prônant la légalisation de l'EPO. Pour lui, l'augmentation de globules rouges engendrée par l'EPO porterait davantage d'oxygène aux muscles et cela aiderait les athlètes qui manquent de discernement à certains moments de la course. La respiration dans les sports de glisse reste primordiale, c'est elle qui apporte aux muscles, via le sang, le supplément d'oxygène nécessaire à l'action. La pression sur la neige en courbe et la volonté de contrôle ont tendance à provoquer chez le skieur des blocages respiratoires, ce qui entraîne une perte de disponibilité des muscles.

À la suite de ses déclarations, les tabloïds s'enflamment : « Bode est pour le dopage ! » Mais l'Américain souhaite juste ouvrir le débat. Il pointe certaines absurdités. Il ne comprend pas, notamment, pourquoi l'oxygène est interdit pour la récupération des coureurs alors qu'il est couramment utilisé en alpinisme. Bode remet en cause ces règles pour souligner l'absence de protection de l'athlète.

— Si elle était la priorité, l'utilisation de l'EPO devrait être légale. Il y aurait moins de risques d'erreur en fin de course.

Les agences antidopage restent selon lui « si éloignées des sports qu'elles gèrent ». La Commission des athlètes du Comité International Olympique annonce qu'elle enverra une de ses membres, la Suédoise Pernilla Wiberg, s'entretenir avec Bode sur ces sujets.

— Ce qu'il a dit va totalement à l'encontre de ce que nous, Commission des athlètes, essayons d'accomplir.

En décembre, il est sanctionné par la Fédération Internationale de Ski pour avoir refusé de se soumettre à un test d'équipement de routine. Il menace de quitter le circuit et refuse de payer l'amende de 762 $. L'équipe de ski des États-Unis la règle alors pour lui.

— Ce n'est rien de sérieux, mais Bode en a fait une histoire, déclare Günter Hujara, le responsable de la FIS.

Il est certain que Bode ne prend pas de produits améliorant les performances et respecte les règles concernant les équipements, mais il aimerait qu'on lui accorde une certaine latitude. Le sport reste une activité saine et selon lui, ces règles existent pour de mauvaises raisons. Elles n'ont pas été constituées pour le respect du sport, mais pour servir des intérêts. Bode résiste face à l'autorité, il refuse de s'y soumettre. Il aimerait faire évoluer son sport, échanger plus fréquemment avec les personnes qui établissent ces lois sans consulter les coureurs. Bode aime un ski frondeur, de matador, il applaudit les arabesques des athlètes, qui, sans se soucier du score, jouent souvent pour la beauté du geste et les applaudissements des spectateurs. Il se désole des règles FIS, si contraires à l'art qu'il ne cesse de célébrer. Il émet l'idée de lancer un circuit de ski alternatif afin d'assainir le circuit actuel.

Au début de l'année 2006, Bode participe à la célèbre émission *60 minutes* de la chaîne américaine CBS. Une équipe est allée tourner des images dans leur maison à Tamarack. Le journaliste revient sur sa carrière inhabituelle et souligne son ambivalence vis-à-vis de la renommée, de la fortune et des médailles aux Jeux Olympiques. À la fin de l'émission, Bode laisse sous-entendre qu'il a déjà pris le départ d'une course en état d'ivresse. Il souhaitait sans doute faire référence à la finale de la Coupe du Monde en mars 2005. Il venait de remporter le titre global de la saison. Les courses se déroulaient à Lenzerheide, en Suisse. Il savait que la dernière course, le slalom, était sans enjeu pour lui. Il avait tout gagné quoi qu'il advienne. Les mois de compétition se terminaient, la tournée, les podiums, la saison, tous les coureurs s'en iraient dès le lendemain. Après le slalom, il décida donc de fêter sa victoire dans un bar de la station. Il était entouré de sa famille, de ses amis, des sponsors, des entraîneurs, des agents, des coéquipiers. Il y avait tant à célébrer, la nuit se prolongea. Lorsqu'il tira le lendemain le dossard 16, l'alcool circulait encore dans ses veines. Il réussit à gagner la deuxième manche et finit sixième de la course.

Après l'émission, CBS envoie un communiqué de presse au titre racoleur: «Le vainqueur de la Coupe du Monde de ski reconnaît avoir skié en état d'ivresse.» Cette déclaration déclenche un scandale médiatique. Bill Marolt, le président de la Fédération américaine de ski, annonce à la presse que les commentaires de Bode Miller sur la consommation d'alcool en lien avec la compétition sont inacceptables. Il souhaite «travailler avec lui à la fois pour reconnaître la gravité de ses propos et pour obtenir un résultat positif». Bode ne peut être joint sur son téléphone après l'émission. Il se trouve dans la région de Wengen, où il se prépare pour la descente prestigieuse de Lauberhorn, dans le cadre d'une série de trois courses du 13 au 15 janvier. Lowell Taub, l'agent de Bode à New York, déclare qu'il publiera un communiqué avant ces courses.

Bode reste stupéfait.

— Ce n'est pas ce qu'il a dit et tout le monde sait que ce n'est pas le cas. Ils ont fabriqué cette histoire pour faire la promotion de l'émission télévisée, déclare Taub.

Bode a toujours été franc et ses revendications ont toujours été respectées. Mais cette fois-ci, l'équipe US est furieuse.

Ce déchaînement le dépasse. Pour lui, il s'agissait simplement d'une anecdote amusante. Chacun sait qu'il serait très difficile de skier totalement ivre lors d'une course de Coupe du Monde. Les fans et les partisans de Bode déplorent l'exagération de l'affaire. Beaucoup, parmi les supporters, se disent « quelle importance quand on est par ailleurs bourré de talent ? »

McNichol prend ce problème au sérieux.

— Cela pourrait avoir une incidence considérable sur notre capacité à recueillir des fonds.

Dans les heures qui suivent, on s'attend alors à ce que Bode fasse une déclaration publique, avant les trois épreuves de la Coupe du Monde qu'il doit courir le week-end.

— Je ferai face à la possibilité d'exclusion s'il ne regrettait pas ses paroles, conclut McNichol.

Ce dernier est devenu entraîneur de l'équipe en 1997, il a développé une relation spéciale avec Bode. Il l'a compris comme personne. L'équipe a toujours compté sur McNichol pour le garder sur la bonne voie.

— Phil et Bode communiquent bien, a déclaré auparavant Jesse Hunt, le directeur de l'équipe alpine. Chacun sait où se trouve l'autre, mais tout athlète star est difficile à gérer.

Cette fois-ci, McNichol semble excédé et soulagé de l'intervention de ses supérieurs. Alors Bode, dans un rare élan de conformisme, cède à la pression des officiels et présente ses excuses pour ses commentaires. Une cinquantaine de journalistes se sont rassemblés dans une petite salle de classe à Wengen, en Suisse, pour l'entendre. Son oncle Mike Kenney, son agent et un porte-parole de l'équipe se tiennent à ses côtés. Il s'exprime durant 2 minutes 38 secondes et ne prend aucune question.

— Je tiens à présenter des excuses à ma famille et à mes amis, ainsi qu'aux personnes qui m'ont soutenu tout au long de ma carrière. Évidemment, le message qui a été transmis n'est pas ce que je souhaitais promouvoir.

Bode regrette la manipulation des médias, la déformation des propos pour augmenter l'audimat. Cette déclaration publique semble cependant avoir réparé toute faille.

— J'ai eu une excellente réunion avec Bode à Wengen cette semaine, poursuit Bill Marot. J'ai été frappé par l'inquiétude qu'il ressentait à propos de l'impact de ses commentaires sur sa famille, les enfants et d'autres qui le regardent. Il a assumé son entière responsabilité.

Pour Bode, cela devient plus complexe. Le contrôle croissant de ses propos, de ses résultats, le fragilise. Il n'éprouve qu'un vertige mais il en est presque pétri : l'abîme qui sépare ses pensées de ses paroles menace de l'engloutir. Il sait que, pour certains, c'est un butin qui coule de sa bouche. Alors il parle, inconsciemment parfois, et sa parole s'agite au bout de la langue, ses mots font le spectacle, et ce sont toujours les plus nerveux, les plus violents, qui basculent. Les autres sont ravalés, déglutis, relégués dans l'existence intérieure.

— On veut me saisir, comme s'il existait un code secret qui débloquerait tout. Ma vie est la somme de mes expériences, certaines me sont uniques. Je me comprends parfaitement, mais quelqu'un d'autre peut-il seulement le faire à ma place ?

À la suite de cet événement, l'un de ses sponsors, Nike, revient vers lui pour lui proposer une nouvelle campagne. Bode devra parler devant une caméra durant trente secondes sur des dizaines de thématiques qu'il aura choisies lui-même, comme l'indépendance, la douleur, la route vers le bonheur, le désespoir. Ses spots seront tournés chez lui, dans le New Hampshire.

— J'ai eu l'habitude de développer la plupart de mes idées et de ne pas me soucier de ce que les autres pensaient. J'ai appris à penser par moi-même. C'est le genre de leçons que j'essaie de transmettre maintenant.

Incandescent, il aime cette cassure du monde. Bode n'a jamais caché ses habitudes de faire la fête. Il dit qu'il court parce que cela le rend heureux. Pour lui, la culture entourant l'événement fait partie du plaisir. Il n'a pas manqué de préciser qu'il se levait tôt tous les matins «peu importe les événements de la veille.» Il se sent responsable et garde toujours une grande force émotionnelle pour réaliser des prouesses physiques.

Après ce début de saison mouvementé, Bode se rend à Dubaï avec son frère, qui sort de l'hôpital. Ce dernier a été victime d'un grave accident de moto. Il s'accorde cette pause pour fuir la scène publique et se recharger physiquement. Il met ainsi fin à une série de cent trente-six courses enchaînées en quarante-six mois. Tout bascule si vite. Il était le roi des Mondiaux à Bormio et Saint-Moritz, il est devenu la risée des journalistes. On dit qu'il est inapte pour les Jeux Olympiques. «Il s'absente déjà.» L'épuisement émet ses premiers signaux: ses désirs se dispersent, la lassitude le gagne. Sa gorge devient un vieux puits où résonnent toutes sortes d'échos. Il écoute son corps, sa densité se délite. À sa fatigue il promet un souffle. Comme souvent, il compte sur le golf pour se régénérer. Il pense au terrain vert, brut, sans aspérité dont les exhalaisons calmeront son âme grattée au sang. Il fut emporté par cette renommée devenue trop furieuse pour son humeur. Il aspire à la quiétude d'une fratrie. S'extraire des pentes qui devenaient des gouffres autour de lui, s'isoler, échapper aux critiques cinglantes et à la presse, à la formulation toute faite de ses exploits, aux métaphores galvaudées de ses ambitions.

Bode est de retour à la mi-janvier pour une course à Beaver Creek. Sa descente est truffée d'erreurs fondamentales. Quelques secondes après le départ, il entre trop tard dans un virage, s'effondre sur sa hanche gauche et rebondit dans la neige. Un peu plus loin, une bosse mal abordée l'éjecte en l'air, écarte ses jambes dans des directions opposées. Il réussit toutefois à continuer la course, en donnant l'impression de subir la pente. Il crie en passant près des portes. En approchant le bas de la pente, il fait face à un dernier désastre : il tombe en arrière avant de se redresser. Il finit la course. Les commentateurs sportifs disent que c'est un miracle qu'il la termine. Mais il y a un autre miracle : son temps se situe à une demi-seconde de Rahlves. Il remporte cette compétition. Il court comme il est – brut, insouciant, parfois inélégant, toujours engagé. Son ski vise plus que la perfection technique, il semble approfondir une relation romantique avec le danger.

— Tout ce qui me tient à cœur en ce moment, c'est d'aller là où rien ne compte et où le temps ralentit.

Il skie si bien et avec tant de flair et de fluidité que c'en devient de l'art. Il reste admiré, et beaucoup envient cette liberté qu'il incarne.

— Mon moment préféré n'est pas la conférence de presse, ni la cérémonie de remise des prix. C'est juste avant de franchir la ligne d'arrivée. Je fais à chaque fois une évaluation de qui je suis et de ce que j'ai fait. Quand je franchis la ligne d'arrivée et que j'en suis vraiment excité et fier, c'est la fin de la fête.

Il aime quand la course ralentit jusqu'à ce point parfait entre ciel et terre, cet instant de grâce à la beauté fugace. Les pieds touchent le sol et la réception marque la fin d'un bonheur.

Il avait cru pouvoir devenir une célébrité et rester encore lui-même. Après l'incident de l'émission *60 minutes*, cette perspective est apparue d'autant plus improbable. Personne ne sait ce qu'il réserve pour les Jeux Olympiques de Turin. Bode a toujours recherché le plaisir mais ses amis, ses entraîneurs et sa famille rapportent qu'il ne s'amuse plus.

— Ce n'était pas son but de devenir célèbre, ou de gagner beaucoup d'argent, confie sa mère. Il adore skier vite, il s'amuse quand il va au bout du parcours, mais à part ça… il est vraiment déçu. La dernière fois que nous nous sommes appelés, il m'a dit qu'il avait hâte de rentrer à la maison pour venir travailler la terre. Il aimerait en faire un métier. Ce serait tout de même bien qu'il revienne dans le New Hampshire avec quelques médailles. Mais nous savons tous les deux que gagner ou perdre quelques courses de ski ne constitue pas l'essentiel. À Franconia, nous sommes un peu loin de ce grand monde. Oui, Bode fait des erreurs, mais il faut se rappeler qu'il est juste un jeune homme des montagnes.

Tout dans cette existence balisée semble heurter ses convictions libertaires, mais les descentes l'aimantent encore et il n'y résiste pas. Il semblerait qu'en dehors du ski, il n'existe pas de domaine où il puisse aller au bout de ses limites.

11

Jeux Olympiques de Turin

Février 2006

Manquer les Jeux Olympiques aurait été un renoncement difficilement acceptable par son équipe et Bode n'a pas eu les moyens de le faire. Il avait signé de nouveaux contrats et confirmé un calendrier de plus en plus complexe pour ses sponsors. Bode annonça donc qu'il participerait aux Jeux Olympiques de Turin, en dépit de « l'attitude vraiment malsaine » des États-Unis, qui perçoit ses athlètes comme de la « chair à médailles ». Pour Bode, la récompense ne compte pas, ou plutôt elle ne compte plus comme avant. C'est la manière de l'obtenir qui demeure intéressante. Il est convaincu que la chasse à l'or détériore le plaisir de la performance. Il regrette l'esprit d'origine des Jeux Olympiques quand « l'essentiel était de participer ». Ce qui fait l'essence des Jeux, c'est la performance d'un Africain qui se lance dans un sport qui n'est pas forcément celui du pays et qui produit un effort considérable. Les restrictions imposées par les critères de sélection ont gommé cet esprit originel. Bode a écrit au Comité national mexicain pour plaider en faveur de la qualification d'un skieur qui ne remplissait pas les critères. L'exploit existe en dehors des récompenses.

Les Italiens se sont surpassés pour accueillir les athlètes. La culture transalpine, alliée à leur sens précis de l'innovation, créèrent la surprise. Tout était beau, les milliers de volontaires donnèrent le meilleur d'eux-mêmes pour le lever de rideau de cette fête.

Dans le village de Sestrières, site de la plupart des événements olympiques alpins, l'équipe de ski des États-Unis a établi son camp de base dans un bar en sous-sol que les locaux appellent « la caverne ». Il possède une entrée souterraine étroite donnant sur la rue. Un panneau orne l'entrée, mentionnant le site comme appartenant, durant le temps de la compétition, à l'équipe. La base autrichienne se trouve non loin de là, c'est un grand immeuble dont les baies vitrées offrent une vue majestueuse sur les montagnes. La nuit, l'inscription « Maison de l'Autriche » clignote et illumine les pistes phosphorescentes. Le lieu est gardé par un portier massif qui contrôle chaque entrée.

Les Autrichiens imposent une fois de plus leur présence, mais les Américains gagnent depuis peu leur respect. Cette année encore, ils se préparent à se défier sérieusement. Depuis quelques années, la devise de l'équipe américaine est « Best in the World ». Elle n'a pas toujours été entendue mais cet hiver, les coureurs américains se sentent prêts à endosser les rôles de vainqueurs. Bien que la domination autrichienne soit sans égale, les Américains se sont améliorés chaque saison.

– Nous avons remarqué la progression de cette nation, déclare l'entraîneur-chef de l'Autriche, Toni Giger, lors d'une interview. Croyez-moi, nous avons remarqué.

Les équipes se sont souvent retrouvées ensemble, au Chili, en Nouvelle Zélande, mais depuis que Bode a remporté le titre de la Coupe du Monde la saison dernière, la synergie d'entraînement s'est sensiblement modifiée. Les Autrichiens se sont concentrés sur eux-mêmes. Bode pense que l'Autriche fut surprise de la course gagnée aux Championnats du Monde par Rahlves et lui-même. Au-delà des compétitions personnelles, un classement par nation se joue et les États-Unis comptent s'imposer. L'objectif est de gagner huit médailles dans les épreuves alpines. C'est davantage que ce que les Américains ont gagné lors des trois derniers Jeux Olympiques combinés.

Les Jeux débutent toujours avec l'épreuve reine : la descente. Les coureurs se sont entraînés sur la Kandahar Banchetta. Dans les 75 derniers mètres, la plupart ont freiné pour décrocher un bon dossard le jour de la course. Les trente meilleurs coureurs de l'entraînement s'élancent en effet dans l'ordre inverse de leur classement. Commencer trop tôt constitue un désavantage car le coureur n'a pas eu de retour sur l'état de la piste. À l'inverse, personne ne souhaite s'élancer trop tard car le tracé se dégrade rapidement. Les meilleurs voulaient donc terminer la séance d'entraînement entre les dossards 10 et 20, et la plupart ont réussi. Cet entraînement a mis en évidence les prétendants à la victoire. Bode a terminé douzième et devrait donc commencer la course de dimanche en dix-huitième position. Il a skié de manière agressive. Hermann Maier, Michael Walchhofer et Fritz Strobl figurent parmi les prétendants à la médaille d'or.

Bode fait un choix d'équipement risqué. Il opte pour une paire de skis qu'il n'a essayée qu'une seule fois. Le jour J, il manque la reconnaissance habituelle du parcours et rejoint la piste une heure avant le départ. Un grand soleil baigne la piste de Kandahar Banchetta. Le parcours récompense les skieurs lisses et économiques qui sauront négocier des bosses avec docilité. La piste est tout en glisse, en mouvements de terrain, sans grands angles, mais avec des sauts intéressants. Elle demande une vitesse soutenue sur le haut du parcours afin de passer avec finesse le plat qui suit, et surtout, tailler de belles courbes sur le bas, un passage où il demeure capital de conserver son rythme. Le Français Antoine Dénériaz est l'un des meilleurs glisseurs du circuit de la Coupe du Monde. Peu ont pris note de sa position juste derrière les leaders lors de l'entraînement parce qu'il a subi une rupture des ligaments du genou il y a un an.

Walchhofer fait une bonne course, il se place en tête, les supporters autrichiens s'enthousiasment déjà près de la ligne d'arrivée en prévision du couronnement du septième champion olympique de descente. Bode, chaussé de ses nouveaux skis, fait deux petites erreurs au bas de la course et termine cinquième, la meilleure place pour les États-Unis. Rahlves, quant à lui, skie plus prudemment qu'il ne l'a fait à l'entraînement et termine dixième. Rahlves avait également de nouveaux skis, identiques à ceux de Bode, mais avait décidé au dernier moment de ne pas les utiliser. Maier, enrhumé, termine sixième. Il compte quitter Sestrières quelques jours avant sa prochaine course, le super-G, pour se reposer.

Dénériaz prend le départ assez tard, dix à vingt coureurs après les favoris. Il se sent bien, il sait qu'il a ses chances, toutes les conditions sont réunies, ce sera son jour. Il se le répète sur le téléski qui monte à la cabine de départ, avant de se positionner derrière le portillon.

— Je vais le faire !

Sur le haut du parcours, il est déjà en avance sur Walchhofer. À chaque intermédiaire, son avance grandit, jusqu'à ce que sa victoire devienne évidente. Il s'envole devant les autres concurrents. La France acclame son nouveau champion. Le Suisse Didier Cuche qui regardait la descente derrière son poste de télévision n'en revient pas. Il est si heureux. Il clame « Antoine ! Bravo, Antoine ! » Il existe une grande solidarité entre les Suisses et les Français. La victoire de Dénériaz semble surprenante pour les spectateurs, mais ses adversaires la perçoivent comme une récompense logique et méritée.

— Il aime ce parcours, c'est le glisseur parfait, déclare Maier à son propos.

Le Français a creusé un écart de 72 centièmes de seconde – une large marge – devant Walchhofer. Le Suisse Bruno Kernen remporte la médaille de bronze.

— Il aurait fallu un ouragan pour me positionner à la première place, déclare Bode. Dénériaz était intouchable.

C'est le plus beau jour de la vie de Dénériaz. Il le clame haut et fort. Il dédie sa victoire à ceux qui l'ont aidé alors qu'il se remettait doucement de sa blessure au genou.

— C'est comme un rêve. Personne ne croyait que cela pouvait être vrai. Il y eut des jours très difficiles, mais je me suis toujours concentré sur les Jeux. Je savais que j'avais la force et la confiance nécessaires pour continuer. J'y croyais !

Les Jeux Olympiques sont un coup de feu.

Bode n'a pas fait le podium espéré par l'équipe, mais il prendra néanmoins le départ du combiné deux jours après en tant que favori pour la médaille d'or. Il ne s'est pas présenté à l'entraînement de la descente du combiné. Mais il n'était pas le seul. Walchhofer a fait de même. Ce dernier figure parmi les prétendants à la victoire de l'épreuve, mais son compatriote Benjamin Raich reste le principal rival de Bode. Raich s'est classé premier en slalom et combiné la saison dernière, et ses compétences en descente s'améliorent.

Bode était l'un des meilleurs skieurs de slalom au monde, et il peut encore l'être sur une course d'un jour. Mais depuis qu'il a développé des qualités exceptionnelles en vitesse, il ne s'est pas autant entraîné en slalom, épreuve qui exige plus de finesse, de précision, d'équilibre et de rythme. La constance n'a jamais été forte chez Bode, et ces dernières années, il a été plus irrégulier que jamais en slalom. Pour gagner, il devra probablement skier sans erreur majeure, tout en maîtrisant la pression de trois heures de course, toutes épreuves confondues.

La cohérence et l'attention restent les points forts de Raich. Il a pu se battre pour le titre général de la Coupe du Monde la saison dernière, en grande partie parce qu'il a terminé de nombreuses courses, surtout en slalom. Bode semble prêt à voler le spectacle.

Il se sent bien, en pleine confiance. Il tient une solide avance après la descente. Après le slalom, l'écart diminue mais il le conserve. Quelques minutes plus tard, un rapport de juges révèle que Bode n'a pas réussi à conserver les deux skis autour de l'un des cinquante-six piquets du parcours. Son ski gauche est resté à l'intérieur de la porte, ce qui n'est pas permis. Il a enfourché.

— J'étais avec Bode quand il a entendu parler de la disqualification, déclare son collègue Ted Ligety. Nous avons été stupéfaits, je me sentais mal pour lui, mais il n'a pas protesté.

L'erreur a été clairement admise sur les vidéos. Benjamin Raich a pris les devants dans la course de slalom finale avant de sortir du parcours, disqualifié. Sur l'équipe américaine, l'attention s'est rapidement tournée vers Ted Ligety. Il a écarté la comparaison Miller-Raich en remportant la course, se forgeant une place dans l'histoire du ski olympique américain. Le Croate Ivica Kostelic remporte l'argent, suivi de l'Autrichien Rainer Schönfelder.

Pour Bode, la joie et le jeu supplantent l'enjeu. Pour les autres, les médias surtout, la roue a tourné.

Bode n'est plus un skieur vaillant, mais brouillon, voire désinvolte. Il y a tromperie sur la marchandise. En revanche, le gagnant du jour, un vrai héros. Malheur au vaincu. On s'empresse de frapper l'adversaire lorsqu'il est à terre.

Bode espère se rattraper lors du super-G. Il a gagné la médaille d'or aux Championnats du Monde de 2005. Mais l'on se réfère souvent à la saison dernière pour évoquer les succès de Bode. Cette année, il est pour le moment classé vingt-septième en Coupe du Monde dans l'épreuve. Ce samedi, la course s'arrête après quelques minutes, les fortes chutes de neige brouillent toute visibilité. Elle reprend en milieu d'après-midi sous un ciel ensoleillé. Bode s'élance confiant. Après la première section, il détient le temps le plus rapide. À environ une minute, il skie inexplicablement trop près d'une porte. Déséquilibré, il se balance sur une jambe durant quelques secondes. Son ski tape dans la neige au moins sept fois – d'abord la pointe, puis la queue, puis la pointe, et encore la queue. Pendant tout ce temps, il se tord, faisant preuve d'une grande souplesse, digne d'un équilibriste, tentant de reprendre une trajectoire. Il y parvient, quitte ensuite le tracé et disparaît dans les bois.

Il n'est jamais retourné dans la zone d'arrivée pour parler à ses coéquipiers, aux officiels ou aux journalistes. Des photographies de ce moment vulnérable ornent des centaines de pages sportives dès le lendemain. Les images de la mésaventure ont figuré parmi les vidéos les plus visionnées sur internet. On oublie de signaler qu'il évite le désastre grâce à son équilibre inouï et son instinct animal. Il parvient, au bord de la chute, à garder une grande sérénité pour calmer cette jambe effrénée et la ramener sous son corps.

À Turin, hélas, ce n'est pas cette performance que l'on retiendra. Sur cette course, c'est Kjetil André Aamodt qui crée la surprise, quatorze ans après avoir remporté le super-G aux Jeux d'Albertville en France. Hermann Maier termine deuxième et le Suisse Ambrosi Hoffmann troisième. Les officiels de l'équipe de ski des États-Unis n'ont pas discuté du dernier échec de Bode, mais son effondrement a jeté un malaise sur les athlètes qui avaient espéré, entre autres, défier les Autrichiens.

Trente centimètres de neige sont tombés dans la nuit précédant le géant. L'épreuve est retardée d'une heure afin que le surplus de neige douce soit totalement retiré par les professionnels sur le tracé. La surface dure, préférée des coureurs, se situe sous la nouvelle neige. Il reste un petit excès molletonneux au départ. La fin du tracé est devenue délicate. Trente-quatre des quatre-vingt-deux coureurs ne terminent pas la première des deux manches. Bode touche un caillou dans le parcours et détruit la carre, rendant le ski largement inutilisable. Il réussit malgré cette mésaventure à terminer sixième. Raich remporte la course devant Joël Chenal et Hermann Maier. C'est la première médaille d'or olympique pour Raich, vingt-sept ans. Sur le podium des médaillés, Maier accueille le jeune Raich.

— Alors, qui est le meilleur au monde !

Il hausse les épaules, ricane et ajoute :

— Tout le monde peut prétendre être le meilleur.

Cette remarque fait référence à la devise de l'équipe de ski des États-Unis « Best in the World ». Après sept épreuves sur dix pour les hommes et les femmes, l'Autriche remporte neuf médailles, la Suisse trois, la France et la Suède deux. Les États-Unis, une seule.

— C'est une mauvaise performance de l'équipe, je ne comprends pas ce qu'il se passe, déclare Rahlves, qui prendra sa retraite à la fin de cette saison.

Les États-Unis vont supprimer le slogan de leurs efforts marketing.

Les chances pour Bode de gagner une médaille en slalom, la dernière épreuve de ski alpin, s'amenuisent. Il s'est tordu la cheville en jouant au basket avec des coéquipiers le mardi après-midi, et ses entraîneurs ont gardé le secret jusqu'au mercredi.

— C'est une petite blessure à la cheville, déclare à la presse Phil McNichol.

Les conséquences sont pourtant assez sérieuses, Bode recevait encore des soins particuliers deux jours avant la course, alors que son coéquipier Ted Ligety s'entraînait durement pour l'épreuve. Bode n'est pourtant pas atteint moralement. Son préparateur physique, Robbie Kristan, qui est un confident depuis des années, assure qu'il reste optimiste. Il le défend et annonce qu'il est concentré, présent dans la compétition. Il aimerait gagner une médaille en slalom. Cette discipline possède une résonance sentimentale pour lui, il l'a dominée dès son entrée en compétition mondiale.

Ce jour-là, le tracé semble traître. De nombreux coureurs sortent. On ne compte plus les chutes. Le parcours est plus rapide que d'habitude et la surface incohérente. La température a augmenté avant la course, adoucissant les parties glacées et créant des bosses dangereuses. À peine sorti de la cabine de départ lors de la première manche, Bode enfourche une porte et sort du tracé. Ted Ligety fait une bonne première course, mais se disqualifie lors de la seconde. Les Autrichiens Raich, Herbst et Schönfelder ont dominé la piste.

Cette dernière épreuve fut brève pour Bode. À partir de là, rien ne peut empêcher le déluge de critiques à son égard. Pour couronner le tout, il a été vu la nuit dans les bars de Sestrières. Depuis sa grande victoire en Coupe du Monde, il avait fait exploser les convenances qui contraignaient sa parole et l'empêchaient de sourire librement. Il vécut insouciant, dans la fête. On le vit oiseau de nuit. Il s'en est amusé jusqu'aux petits matins. La libération des contraintes alors que monte l'ivresse le galvanise. La façon dont tout s'étire et s'allonge dans la nuit l'électrise. La couleur des matins encore gelés et l'impression d'invincibilité qui vient en chaussant de nouveau les skis, cet étonnement d'être si fort et si fluide malgré les outrages, tout cela le perdit peut-être.

Perdant. Chèvre. Fiasco. Imbécile. Hideux américain. Personnification de l'échec. Bode repart coiffé de noms d'oiseaux. Bill Marolt annonce le soir après le slalom qu'il a l'intention de discuter avec Miller une fois la saison des courses terminée en avril. Mais dans une interview avec des journalistes, Marolt ne le critique pas.

— Vous devez regarder Bode sur huit ou neuf ans. Il a été un sportif remarquable. Comme tous les grands artistes, il a une forte personnalité et des bizarreries. Le défi consiste à gérer cette personnalité, et je ne nierai pas que ce soit un défi.

Marolt ne commente pas la forme de Bode et il occulte ses activités en dehors des pistes qui auraient pu nuire à sa concentration. Il n'évoque pas non plus la saison prochaine.

— Nous aborderons cela à la fin de l'année et non dans les médias. Il ne faut pas oublier que beaucoup de gens dans notre pays ignoraient l'existence des Jeux Olympiques jusqu'à ce que Bode mette un visage dessus. Avant qu'il ne soit en couverture de

Time et de *Newsweek*, beaucoup ne connaissaient ni notre sport ni notre équipe. Je suis déçu, clairement, mais pas découragé. Quand vous êtes debout sur le côté de la piste et que vous voyez cet athlète descendre, vous êtes heureux qu'il soit de votre côté.

On voulut savoir de quel bois se chauffait son écorce, on le questionna. On reparla encore de son enfance marginale, de son âme aimantée par la fureur des pentes et prête à tout pour signer une belle course. On dit qu'il était en quête d'un absolu, secret, mystique, on l'imaginait tourmenté, instable, dissimulant une fêlure ancienne. On dit aussi qu'il était insensible, irresponsable, qu'il se dépensait dans le sport sans réfléchir. Mais il n'était rien de tout cela, il aimait férocement la joie que lui procurait la vitesse. Son esprit tournait toujours. Il aimait le ski.

Marolt le soutenait encore, mais les amis des victoires – comparables à ces insectes qui s'enivrent en gravitant autour des lampes – s'étaient éclipsés lorsqu'ils avaient perçu les ombres de la chute. Ils avaient besoin d'un nouveau champion pour la photo.

Bode décide alors de fuir la tempête qui s'abat sur lui. Il prend des vacances à Paris et en Floride. Quand il revient sur le circuit, il devance Rahlves et remporte le dernier super-G de la saison. Bode réfléchit à une structure indépendante pour continuer. En attendant, il espère que l'équipe l'accueillera encore en lui promettant une protection et une défense en toutes circonstances. Sa notoriété est telle désormais qu'il a besoin d'être entouré solidement. Des réunions vont se profiler pour dessiner le futur. Celui qui ne participera pas à ces prochains rendez-vous est John McBride. L'entraîneur des descentes et des super-G quitte l'équipe.

La saison se termine et Bode songe combien la vie peut être bizarre, combien le cours des choses est aléatoire, combien il est difficile de trouver un sens à ce que nous devons accomplir. Le vrai courage est nécessaire quand on perd. C'est le prix de la liberté, il faut laisser une chance à celle qui, contre tous, tente de concilier la rigueur du sport et les débordements de la vie.

12

La Saslong

Val Gardena, décembre 2006

Elle est tenace l'alternance de l'ardeur et de la quiétude, de l'effort et du calme, de l'emballement musculaire et du retour à soi. Bode a senti cette force qui l'attrape par le cou, une main massive qui vient le repêcher du gouffre, une main qui vient sculpter de nouveau son corps, et cette main le porte au-dessus d'une pente, une longue, une raide, et elle l'agrippe tellement fort qu'elle ne permet plus la désertion.

Bode évolue en cherchant de tous bords les limites de lui-même, il ne peut guère mieux les sentir que dans cette flambée de l'orgueil. Alors il revient. Il veut la trace. La clameur. L'esprit de folie. Il y a des lieux où toutes les trajectoires semblent permises, et il y retourne.

À Val Gardena, on vole. La piste de la Coupe du Monde, la Saslong, est réputée pour faire décoller les spatules et provoquer des vertiges. Les corps sont propulsés comme des balles dans les airs. Le nom de Saslong provient d'un sommet des Dolomites, le Sassolungo (3181 m), qui domine la piste. La Saslong a accueilli sa première compétition en 1969 et les Championnats du Monde en 1970. Elle présente un début audacieux, une section délicate, avec des virages fermés, des zones chahutées, et une fin amplifiant les vitesses. Comme les autres descentes du circuit, elle demande une grande rigueur, mais ici peut-être plus spécialement encore, car les sauts s'enchaînent. Il y a des sorties stratégiques qu'il ne faut pas manquer. Elle requiert de l'expérience et du métier. En 2003, l'Autrichien Michael Walchhofer avait décroché le record du plus long vol à partir de ces sauts : quatre-vingt-huit mètres – à peu près la longueur d'un terrain de football.

Le départ de la descente se situe à 2 249 m d'altitude. La piste possède une longueur totale de 3 446 mètres et un dénivelé de 839 mètres. Le mur de départ présente une pente maximale de 56,9 %. La difficulté du premier saut, le Spinel Jump, d'environ dix mètres, réside dans le fait que, pendant le vol, les skieurs doivent changer de direction vers la droite pour atterrir dans la compression. Ils arrivent ensuite au Saut del Moro (Moss Jump), le premier grand saut de la Saslong. Les skieurs volent sur quarante mètres avant de rejoindre le mur de Sochers. Ici, les skieurs restent en l'air durant quinze à vingt mètres avant d'enchaîner plusieurs courbes. Ils entrent dans le premier mur, un saut d'environ trente-cinq mètres, puis dans le second mur, un saut de trente mètres qui représente l'entrée dans le tronçon plat menant à la première des Gobbe di Camelo, ou Camel Jumps (« bosses de chameau »). Sur ce tronçon, longeant une partie rocheuse, le plus raide de la piste, les skieurs atteignent généralement la vitesse maximale de la Saslong, 130 km/h. Les Camel Jumps sont les tronçons les plus célèbres de la piste avec des sauts allant de cinquante à quatre-vingt-huit mètres, et des hauteurs jusque six mètres. Le coureur atteint ensuite la zone piégeuse du Ciaslat, un toboggan en forme de S, aux deux tiers de la course. C'est un passage qui n'existe que là-bas, quatre courbes très longues avec des petites bosses au milieu qu'il faut réussir à absorber. Le coureur entame après cela la courbe de la Nucia, dans une forte pente avant de pénétrer la zone finale. Il y a un dernier saut, le saut de tunnel de vingt-cinq mètres, avant de franchir la ligne d'arrivée.

Durant les premières années de compétition sur ce tracé, les skieurs qui réussissaient à aborder les Camel Jumps ont toujours imposé le respect. Au début, les skieurs approchaient ces sauts à une vitesse de 110 km/h, ils touchaient la première bosse et volaient un certain temps avant de toucher la deuxième. Pendant des années, les descendeurs tentaient d'amortir les bosses pour ne pas trop décoller. L'image souvent associée à cette technique sur cette partie de la piste était l'avion qui tente de voler en traversant des turbulences extrêmes. En 1980, un coureur autrichien nommé Ueli Spiess décida de changer les habitudes : il absorberait la première bosse, la plus douce des trois. Mais quand il atteindrait la seconde bosse, il se lancerait dans l'air et survolerait la crête de la troisième, un saut de quarante mètres ou plus. Les entraîneurs étaient certains qu'il finirait à l'hôpital et quelques-uns pensèrent même qu'il aurait dû être réprimandé pour envisager une telle option. Mais Spiess l'a fait. Il n'a jamais gagné la course, mais il a changé pour toujours la façon dont les coureurs skieraient sur le parcours. Son saut présenta une telle audace qu'il fut désormais impossible de revenir à une approche plus sage. Plus personne n'osa de peur de passer pour un amateur. À Val Gardena, les skieurs devinrent alors aériens et la course se transforma intensément. Tous repartirent avec un sentiment spécial.

Il n'y a rien de plus révélateur qu'une piste vue à l'œil nu. Il faut avoir vécu tout au bord de la piste l'exigence de cette confrontation de haut niveau pour mesurer tout ce que la télévision ne montrera jamais. Il faut apprendre à se détourner des commentaires, faire confiance au regard qui emporte des sensations. Prendre le risque de se tromper sur son impression première. À la radio, on ne peut pas tout dire. La piste réelle n'est pas présentée à travers le filtre des voix des journalistes, la descente est sans médiation. Les commentateurs mettent au point des formules et des manières familières de parler du ski, le domestiquant en quelque sorte. En nommant, en conceptualisant, nous réduisons certains faits intransigeants de ces exploits ; en rendant dicible l'indicible, nous les faisons advenir dans un regard plus normal.

Lorsque Bode est entré dans le circuit de la Coupe du Monde, les tracés étaient pour lui de vrais tests de compétences et de bravoure. La Saslong reste un exemple remarquable. Elle a accueilli près de cinquante descentes de Coupe du Monde. Le départ et l'arrivée n'ont pas été déplacés, mais le tracé a progressivement évolué avec l'ajout de plusieurs virages pour ralentir le skieur. Le premier voyage de Bode à Val Gardena eut lieu en 2002 et, selon Franz Klammer, qui détient le record de la piste avec quatre victoires, Val Gardena avait depuis longtemps été transformée. Ils l'avaient élargie, et selon lui, elle n'était plus si effrayante. Chaque génération de descendeurs raconte aujourd'hui à la nouvelle génération que les tracés ont été homogénéisés, que les risques ne sont plus aussi significatifs et que la « vraie » descente n'existe plus. La courbe de la Nucia était la dernière étape à modifier avant que la piste ne soit totalement modernisée.

Les responsables de la Fédération Internationale de Ski restent très stricts en ce qui concerne la sécurité, notamment depuis le décès de l'Autrichien Gernot Reinstadler lors de la descente du Lauberhorn en 1991, puis celui de sa compatriote Ulrike Maier à Garmisch trois ans plus tard. Au cours de l'entraînement pour la course du Lauberhorn, alors qu'il entame le dernier S, Reinstadler fait une faute de carre, perd le contrôle et percute le filet de sécurité à pleine vitesse. Ses skis s'emmêlent, son abdomen se déchire et s'ouvre littéralement sous le choc. Il laisse une longue traînée de sang sur la neige. Il gît inconscient, les secours se précipitent. Lorsqu'il arrive à l'hôpital, il a déjà perdu des litres de sang. Il décède plus tard dans la nuit d'une hémorragie au niveau pelvien, après six heures passées en bloc opératoire. Lors de la descente de Garmisch en Allemagne le 29 janvier 1994, la skieuse de vingt-six ans Ulrike Maier perd le contrôle de son ski droit alors qu'elle évolue à près de 120 km/h et heurte violemment de la tête une cellule de chronométrage, se brisant la colonne vertébrale. Elle est tuée sur le coup.

Ces accidents se sont déroulés en course, ce qui a considérablement marqué le public et le Cirque Blanc. La sécurité est mise en cause et les fédérations travaillent alors sur la protection physique des coureurs.

— Nous sommes effectivement devenus beaucoup plus prudents, explique l'Allemand Günter Hujara, l'un des cinq professionnels de la FIS chargés de la sécurité. Nous essayons d'apporter continuellement des améliorations dans ce domaine.

Les responsables de la FIS inspectent chaque année toutes les pistes accueillant des épreuves de Coupe du Monde. Des filets ont été déroulés, de différents types, des écrans de protection ont été placés, éloignant toujours plus les tracés des spectateurs. Une nouvelle protection a été mise en place après l'accident du Suisse Silvano Beltrametti, le 8 décembre 2001, à Val d'Isère. Ce skieur de vingt-deux ans coupa à plus de 100 km/h le filet bordant la piste et tomba dans un tas de roches, le paralysant des membres inférieurs.

Au-delà des équipements de sécurité, la Fédération exige des évolutions. Hujara s'est souvent posé derrière les Camel Jumps pour inspecter la pente. Il a souhaité contrôler personnellement les points stratégiques de chaque parcours de descente. Il convient de revoir régulièrement l'homologation des pistes en raison de l'amélioration constante de la vitesse et des techniques.

— Nous faisons ce genre de chose en fonction de l'évolution du matériel des skieurs et de l'amélioration de leurs qualités athlétiques, précise-t-il. Nous tenons à contrôler leur vitesse et la longueur de leurs sauts.

L'évolution des skis reste en effet l'accélérateur principal. Les skis semblent plus faciles à tourner grâce à leur parabolisme, mais ils en deviennent plus réactifs. Plus la taille de guêpe du ski (obtenue en comparant la largeur de la spatule, du patin et du talon) est prononcée, plus le rayon du virage est court. Ce qui a pour conséquence de propulser le skieur hors de sa trajectoire si l'appui n'est pas suffisamment maîtrisé. Une seconde de relâchement et les ligaments des genoux se rompent. Depuis une vingtaine d'années, les blessures se multiplient. Le matériel devient de plus en plus performant et l'athlète accumule de la technique. Les muscles s'entraînent et se renforcent. On va chercher toujours plus loin. La charge et la tension sur les ligaments deviennent tellement importantes que les muscles ne parviennent pas à réagir à temps pour contrer la déchirure. Les quadriceps se développent pour absorber la force nécessaire et l'énergie requise dans les courbes. Les athlètes pensent être armés pour prendre un virage à angle droit à 140 km/h.

Tout est optimisé. La préparation physique et mentale, les entraînements, mais la résistance de certaines zones du corps ne peut être maîtrisée. Il y a aussi la question des fixations. Les coureurs les serrent au maximum, afin d'éviter tout déchaussage malencontreux, au détriment de leur sécurité. La FIS ne cesse de revenir sur les réglementations au sujet du matériel. Elle oblige les constructeurs à modifier leurs fabrications régulièrement. Les combinaisons elles-mêmes sont incriminées, même si des normes ont été imposées. Les tenues étaient auparavant fabriquées en laine, elles étaient beaucoup plus résistantes au vent que les combinaisons en lycra fines et serrées utilisées aujourd'hui et qui transforment les coureurs en luge sur une patinoire à chaque chute. Les pistes sont de plus en plus glacées. La neige artificielle est réactive, elle éjecte le coureur dès que le ski mord.

La descente se caractérise depuis quelques années par la combinaison délicate de plusieurs facteurs tels que l'amélioration du matériel, la performance technique, la préparation du terrain, le dessin des tracés, l'entretien de la neige, les exigences sécuritaires, l'émotion recherchée, les élans risqués. Les skieurs restent partagés sur les différentes évolutions. Le Croate Ivica Kostelic s'est insurgé contre l'immobilisme de la FIS en la matière en comparaison des mesures prises en Formule 1. Certains skieurs aimeraient que la FIS limite la taille du ski et abaisse la hauteur des chaussures. Ceux qui ont souffert de blessures s'interrogent, comme Antoine Dénériaz. Bode, lui, ne partage pas ce point de vue. Il déplore la modernisation des courses de descente et la multiplication des protections. Au nom de la sécurité accrue, des virages s'ajoutent, les sauts se rasent. Mais lui-même ne s'est quasiment jamais blessé.

— C'est justement tout l'art du ski de savoir où se trouve la limite. Skier au plus haut niveau, c'est trouver le bon dosage entre ses capacités et la difficulté de la piste. Un skieur qui tombe est un skieur qui est allé trop loin. Il n'y a pas de pistes dangereuses, mais des skieurs inconscients. Cette notion de gestion du risque, qui est le fondement même de notre sport, a tendance à disparaître.

Adepte de la vieille école, le Suisse Didier Cuche voit aussi d'un œil sceptique cette course au risque nul. Comme Bode, il a appris la juste mesure qui fait le champion. Tout skieur est un jour confronté à la blessure. Et c'est peut-être, selon eux, ce qui rend les victoires plus émouvantes. Le risque zéro n'existe pas. Le ski alpin est avant tout une lutte de l'homme contre la nature. C'est une des raisons pour lesquelles les meilleurs skieurs ne se concentrent pas sur leurs rivaux. Ils ne sont pas des adversaires. Chaque coureur se confronte à un parcours et des conditions qui lui sont propres, et il ne peut exercer aucun contrôle sur ses concurrents. Il faut se battre contre la montagne. Le ski côtoie l'épique. La descente sera toujours risquée. Les sensations restent intactes. La Fédération Internationale de Ski et les coureurs devront réfléchir ensemble pour réduire les dangers sans dénaturer le sport. L'architecte des pistes Bernhard Russi estime pour sa part que « le grand danger, c'est la recherche de perfection ».

Le 15 décembre 2006, c'est donc une piste remodelée peut-être, mais toujours exigeante, qui attend les coureurs de la Coupe du Monde. Bode souhaite intérieurement infliger un cinglant démenti à ceux qui l'ont accablé après ses Jeux Olympiques sans médailles. Il dompte la Saslong avec un ski dont lui seul a le secret. Il est parfait sur la partie haute du tracé, réservée aux meilleurs glisseurs du circuit, il enchaîne sans erreur dans la partie intermédiaire où les mouvements de terrain ont piégé plusieurs coureurs. Il rappelle avec fracas qu'il reste imbattable quand il élève son ski à son meilleur niveau. Il avale les Camel Jumps, glisse avec aisance dans le Ciaslat, il caresse des spatules les aspérités du terrain. Le retour à cette vivacité lui soulève l'âme comme une victoire, ses chevilles, glissant au ras du sol, jouissent des cinglements de la neige glacée, qui excitent l'effort des sensations plus sauvages. En traçant sa trajectoire idéale, Bode aiguise la joie de sa vitesse. Cette descente unie lui laisse croire qu'il s'allège, que dans le feu dont sa course le brûle, une partie de son passé terrible se consume.

Il gagne cette descente avec talent. Loin derrière lui, l'Autrichien Christophe Gruber décroche la deuxième place, à 64 centièmes. Le podium est complété par le Canadien John Kucera qui termine à 73 centièmes de Miller.

— J'ai très bien skié, explique Bode. C'est la première fois, cette saison, que je skie bien de haut en bas. Sur cette piste, il y a peu d'endroits où il est possible de reprendre du temps. Dans le Ciaslat, j'ai réussi à tenir des lignes tendues. J'étais inspiré parce que le parcours, sélectif, correspond à mon style de skieur. À l'arrivée, je n'étais vraiment pas surpris de ma première place.

Avec cette victoire, il laisse entendre que Turin n'était qu'un simple passage à vide.

— Il ne devrait pas être critiqué, déclare Ivica Kostelic à la presse. Son style de ski provient de son style de vie. C'est comme ça.

Le principal sponsor de Bode, l'entreprise alimentaire Barilla, l'a abandonné après Turin. Il a signé un nouveau contrat pour soutenir Superfund. Cette société d'investissements internationale a été séduite par sa personnalité et son charisme. Il a également changé de skis. Il travaille désormais avec Head, le cinquième fabricant à le soutenir en neuf ans de carrière. Head savait que Bode était très exigeant sur son matériel et pouvait s'en plaindre ouvertement.

— Bien sûr, nous savions que ce serait difficile pour nous, mais nous avons relevé le défi, a déclaré Rainer Salzgeber, un responsable chez Head.

La légendaire précision de Bode sur son équipement sera une opportunité pour le programme de recherche et de développement de l'entreprise. La ténacité d'une pensée obsessionnelle poussée à de tels extrêmes conduit à la folie, et Bode était un peu fou, mais heureux de l'être, dans sa passion absolue pour le ski. Il a également subi une intervention chirurgicale au printemps dernier pour soulager les problèmes persistants au cartilage du genou associés à son accident majeur en 2001. L'enflure et la douleur ont empiré la saison dernière. Le docteur Steadman s'était effaré de la gravité de la situation. Pour lui, il avait eu une saison remarquable, compte tenu des lésions du cartilage. Bode était réticent à l'opération, préférant les thérapies alternatives d'une guérisseuse controversée basée à Ensenada, au Mexique. Il consulte également un nutritionniste cette saison. La victoire ne tiendra pas à la glorification des seules vertus physiques et mentales, mais plutôt dans ces moments de grâce, au bout du geste, de la concentration, quand l'on se sent passer de l'autre côté, comme s'il y avait en soi des îles que l'on ne soupçonnait pas.

Bode est le premier skieur sur le circuit masculin à remporter deux victoires cette saison. Sur le podium, les organisateurs de la course lui tendent une bouteille de champagne. La nouvelle politique de l'équipe des États-Unis ne permet plus aux coureurs de consommer de l'alcool. Bode pulvérise les photographes en ouvrant le magnum et le soulève à quelques centimètres de ses lèvres. Ses entraîneurs sont tout près. Il leur sourit avant de prendre une longue gorgée. Il est ces avalanches qui ne l'ont pas englouti. Il est cette rafale qui ne l'a pas renversé. Il est cette terrible tempête qui ne lui a pas arraché ces jambes d'acier.

13

Le Lauberhorn

Wengen, janvier 2007

Dans certaines régions des Alpes, les pistes de ski sont apparues avant les villages. Les habitations se sont construites progressivement autour de ces sentiers empruntés, creusés par les bergers et les éleveurs, au fil des siècles. Ces lieux se sont ensuite réinventés pour devenir des stations de ski. C'est le cas des pistes classiques comme celles de Val Gardena et de Wengen. Wengen, c'est la plus longue descente de la Coupe du Monde, mais aussi l'une des plus vénérables, des plus légendaires, qui porte, le long de ses 4480 mètres de longueur, plus de quatre-vingts ans d'histoire du ski alpin.

Le village de Wengen est niché à l'ombre de trois sommets mythiques : la Jungfrau (la jeune femme), 4 158 m, le Mönch (le moine), 4 099 m, et le célèbre Eiger (l'ogre), 3 970 m. Selon la légende locale, le moine a protégé la jeune femme du terrible ogre. De nombreux descendeurs estiment qu'il s'agit du plus beau panorama du circuit. Le silence règne puisque le village exclut toute circulation automobile en hiver. Un train pittoresque emmène les visiteurs sur la montagne paisible. Après quelques jours à Wengen, perchés au-dessus d'une vallée sculptée par les glaciers, le monde extérieur semble bien loin.

Bode découvrit Wengen pour la première fois en 1999 et sans surprise, il en apprécia l'atmosphère unique. Ces dernières années, il fut obligé de laisser son camping-car dans la vallée. Les habitants sont particulièrement fiers d'avoir poursuivi les courses durant la Seconde Guerre mondiale, lorsque plusieurs des concurrents étaient des réfugiés de guerre. Wengen suit depuis longtemps les traditions. Chaque année, l'ordre de départ s'établit la nuit avant la course dans une salle de classe à l'étage de la petite école. Les enfants délivrent les dossards. Le village entier se mobilise pour la course. Les écoles, la mairie, les commerces prêtent leur concours à l'organisation. En échange, elles obtiendront un bénéfice financier lié au nombre de visiteurs. L'armée suisse et la garde civile du canton de Berne s'impliquent également : environ deux cent cinquante hommes prêts à monter des tentes, à déplacer des équipements et à passer des nuits froides sur la pente pour éliminer la nouvelle neige.

Le Lauberhorn possède tous les éléments constituant une descente parfaite : grands sauts, haute vitesse, pentes à 41 %, terrain varié, sections de glisse directe, zones vallonnées et virages serrés qui nécessitent des mouvements tactiques. Le Lauberhorn est une piste exigeante, elle demande des capacités physiques et techniques hors normes puisque la dénivellation dépasse les 1000 mètres.

— Les cuisses sont en feu quand vous franchissez la ligne d'arrivée. Les muscles brûlent, on ne sent plus son corps. C'est impressionnant, raconte souvent Bode.

Chaque descente est comme un brasier où se consument, se défont et se recréent les élans, chaque fois réinventés, de la folie et de la puissance. Le dénivelé est tel que la course devient complexe pour les techniciens : la neige change véritablement entre le haut du parcours et le bas, il convient de trouver la paire de skis la plus polyvalente.

La piste se caractérise par quelques points stratégiques. La Hundschopf (« tête de chien ») reste l'emblème par excellence de cette descente. Ce passage rocheux, étroit et abrupt, semble insurmontable. La zone de chute est courte et impitoyable. Il est nécessaire de choisir une bonne trajectoire avant de s'élancer, tout en dosant la prise de risque. Les rochers sont si près du skieur. S'ensuit la Minschkante, la « bosse à Minsch », dont le nom provient du skieur suisse Josef Minsch qui s'est blessé gravement à cet endroit en 1965. Ce passage combine un saut et un virage et requiert une haute technicité. Lors du premier entraînement précédant la descente du Lauberhorn de 1965, la bosse a catapulté Minsch plus bas. Il ne fut pas la seule personne à être sortie de la piste à cet endroit-là, mais il reste sans doute l'une des premières victimes célèbres. Il se fractura le bassin et fut hospitalisé durant neuf semaines, laissant son nom pour toujours à ce passage.

Le Kernen-S, auparavant Brückli-S, porte le nom du Suisse Bruno Kernen, qui a chuté de manière spectaculaire dans ce passage en 1997. Il est tombé en arrière et a été projeté dans le filet avant d'être brutalement rejeté sur la piste. Il l'a en revanche bien négocié en 2003, année où il a remporté la course. C'est l'une des portions les plus impressionnantes. Les coureurs y pénètrent à plus de 100 km/h alors que l'espace reste très étroit, entre 3 et 3,5 mètres de large. Les coureurs doivent enchaîner deux virages à 90° en une petite trentaine de mètres. Ils abordent ensuite le Hanneggschuss, long passage abrupt qui demande à chaque coureur de dépasser ses propres limites. Le schuss les fait longuement décoller, ils effleurent alors la neige une fois tous les dix mètres, ça tape comme on dit, avant de s'engager dans une nouvelle compression étroite. La vitesse frôle ici les 150 km/h.

Il y a également le Österreicherloch, le « trou des Autrichiens », baptisé ainsi à la suite de la course de 1954, au cours de laquelle chutèrent trois des favoris autrichiens : Toni Sailer, Walter Schusteret et Anderl Molterer. Là où toutes les grandes courses seraient déjà terminées, le Lauberhorn comporte encore une portion stratégique, extrêmement exigeante sur le plan technique, au point qu'il peut modifier tout un classement. Il s'agit du S final où l'on entend déjà la foule de spectateurs et l'annonceur. Le skieur doit faire face au relâchement, à l'épuisement, tenir ses nerfs pour s'engager dans ces trois derniers virages serrés, souvent gelés, et bosselés. Il faut être très sain d'esprit et prendre des risques calculés, mais il faut aussi avoir le courage d'étouffer la crainte.

Le 13 janvier 2007, Bode aborde le Lauberhorn de manière agressive, avec un supplément d'âme redoutable. Il n'a jamais caché son attachement à la périlleuse descente de Wengen. Ce jour-là, il dessine ses plus félines trajectoires, des arcs parfaits dans les deniers virages. Exténué après deux minutes et demie de course, il n'a plus l'énergie pour décrocher le dernier saut et reste assis. Il perd alors l'équilibre, s'effondre et dévale les derniers mètres de la piste à terre, incontrôlable. Il réussit à franchir la ligne d'arrivée avec le meilleur temps avant de se jeter contre les coussins de sécurité qui le séparent des 21 000 spectateurs.

Il se lève, serre les poings et sourit. Contemplant les montagnes aux reliefs familiers, les crêtes somptueuses, dessinées comme les lignes de la main, il se sent libre. Il a savouré chaque seconde de cette étrange ivresse : il venait de franchir l'abîme bouleversant qui le séparait jusqu'ici de lui-même.

— C'est intense. Vous êtes si fatigué par ces derniers virages que votre corps vous dit juste d'aller droit, et vous devez surmonter ça. Ici, c'est le mental qui fait la différence. La course est si longue qu'on arrive cuit en bas. Il ne faut pas y penser. C'est dans la tête que cela se passe.

Bode avait pris le temps cette fois-ci de faire la reconnaissance. Il avait tout planifié, ses trajectoires, au point de prévoir sa chute dans l'aire d'arrivée.

— Je savais dès la cabane de départ que je chuterais dans le dernier schuss. Avec la vitesse que j'aurais engrangée, la difficulté de ce mur, le saut que ça allait entraîner et la compression qui te balance sur l'arrière, j'avais prévu que je m'écraserais aux abords de la ligne. J'avais décidé de m'asseoir et de me laisser tomber et de glisser.

Bode est acclamé par les fans suisses. Ils auraient aimé voir gagner leur favori, Didier Cuche, mais il termine deuxième, à 0,65 seconde derrière Bode.

— Bode était simplement trop fort. Je n'ai aucun regret, aucune frustration, que du plaisir et de la fierté.

Le sentiment sera d'ailleurs confirmé après avoir écouté Bode expliquant sa chute inévitable à l'arrivée.

— Je ne me mettrai jamais volontairement une cartouche pour gagner, prévient Cuche, Bode est plus fou que moi. Je lui souhaite de rester en bonne santé jusqu'à la fin de la saison !

Une victoire au Lauberhorn est un trophée éblouissant pour tout skieur, mais il devient particulièrement précieux pour Bode, qui est en passe de devenir le coureur américain le plus titré de la Coupe du Monde. Avec quatre victoires cette saison et vingt-cinq dans sa carrière, il semble sur le point de dépasser Phil Mahre. Mais Mahre, qui a remporté vingt-sept courses au début des années 1980, n'a jamais remporté une descente.

Les coureurs sont fiers ce jour-là d'avoir surmonté tous les pièges de ce parcours, que la météo des derniers jours avait rendus particulièrement dangereux. La piste présentait dans les zones d'ombre des passages absolument glacés. Par tradition, les coureurs qui ont terminé sur le podium sont descendus en hélicoptère à la conférence de presse.

Bode termine la saison 2006-2007 en remportant le Globe de super-G de la Coupe du Monde. Il est satisfait, mais il semble gêné dans l'approche de son sport. Peu de temps après Turin, la FIS a mis en place de nouvelles normes décriées par l'équipe et surtout par Bode. La négociation collective est depuis longtemps une caractéristique familière des ligues sportives professionnelles, mais Bode reste sceptique face aux nouvelles règles strictes imposées, notamment l'interdiction faite aux athlètes et au personnel de boire de l'alcool ensemble, et l'obligation pour les skieurs de dormir dans les logements officiels de l'équipe pendant les compétitions. Ses plaintes ont été reprises par ses coéquipiers. Depuis Turin la pression reste forte. L'équipe souhaite exercer un contrôle sans faille sur l'activité des coureurs.

En mai, il décide alors de se séparer de l'équipe.

— Je ne crois pas que je puisse exceller et performer au niveau que j'exige de moi-même selon les directives de l'équipe de ski. Je vais continuer à skier en tant qu'Américain, sous le drapeau américain, et je suis fier de le faire. Nous avons coexisté et avons eu beaucoup de succès au cours des dix dernières années. J'apprécie les relations que j'ai tissées avec mes coéquipiers et le personnel, mais je veux créer une structure pour me concentrer sur l'entraînement et ma façon de l'envisager. Le programme de l'équipe de ski des États-Unis est mis en place pour aider trente à quarante coureurs alpins chaque saison. Je souhaite me concentrer uniquement sur la maximisation de mes performances.

Bode nomme son équipe « Bode Team America ». Conformément aux règles de la Coupe du Monde, il porte toujours une combinaison des USA lorsqu'il court, mais enfile sa veste rouge Team America dès qu'il retire ses skis.

— Cela me réussira, sportivement et humainement. Je n'aurai plus à lutter contre cette sorte d'autorité qui m'a toujours été insupportable et que je n'essaierai jamais d'imposer à personne. Il y a la technique, le travail, le talent et l'inspiration. Il faut les conjuguer de manière équilibrée. Le style parfait et adaptable à tous n'existe pas. L'inspiration existe, mais elle vient en travaillant.

Il découvre la décontraction, la responsabilisation, l'autonomie. Aux chambres d'hôtel et aux horaires d'entraînement imposés, Bode préfère la vie de nomade. Il finance ce projet, dont le budget reste confidentiel, en utilisant le revenu de ses contrats publicitaires, ses primes de courses et en avançant un peu de son argent personnel – « je me rembourserai plus tard ». Il sillonne les routes du Cirque Blanc en électron totalement libre. Il n'y aura pas de couvre-feux imposés par John McBride, l'ancien entraîneur de descente des États-Unis, qui a quitté l'équipe pour s'associer à Bode en tant qu'entraîneur-chef. Team America se compose des entraîneurs adjoints Forest Carey (ancien collègue au CVA) et Mike Kenney (uncle Mike), de la manager d'équipe Jennifer Holden, des techniciens Robi Kristan et Heinz Hammerle, des agents Lowell Taub de CAA Sports et Ken Sowles, et du pilote cuistot Jake Serino.

— Toutes les personnes que j'ai embauchées ont été les meilleures personnes avec lesquelles j'ai travaillé au cours des quinze dernières années.

Il instaure une stratégie personnalisée et structurée pour son succès sur la tournée de la Coupe du Monde. McBride, lors de l'adhésion à Team America, a déclaré :

— Je suis ravi de continuer mon travail avec Bode. Nous avons un excellent personnel et un cheval de course phénoménal. Bode est motivé et s'entraîne avec attention et intensité. Je crois qu'il aura une saison épique.

Bode et Team America s'associent à la marque de vêtements Kjus, basée en Suisse, qui fournira tous les vêtements extérieurs de l'équipe. Le PDG de Kjus, Didi Serena, est ravi de ce partenariat avec Bode. Il voit en lui « une personnalité impressionnante, un individualiste absolu et un gars qui aime gagner ». Ils seront également partenaires de la boisson énergétique Go Fast et du World Championship Sports Network (WCSN). Bode devra fournir à ce réseau un contenu en ligne et télévisé. Nike continuera de fournir Team America en appareils d'entraînement physique et en chaussures de sport. SportSkool, plateforme de vidéos de sport à la demande, lancera une nouvelle série de programmes où Bode interviendra sur le conditionnement sportif à l'automne

2007. Concorde Reisemobile fournira à l'équipe deux camping-cars pour la cinquième saison consécutive. Les skis Head restent son fournisseur, la marque prolonge son partenariat avec Bode trois années supplémentaires. Le directeur marketing Mike Bisner reste satisfait de leur collaboration :

— Bode reste authentique dans son approche. Il a écarté tous les obstacles de son chemin pour devenir le skieur numéro un de la Coupe du Monde.

Head fournit à Bode deux techniciens à temps plein pour travailler avec lui. Bode continuera de soutenir la Turtle Ridge Foundation, créée au printemps 2005 avec sa famille. Grâce à un équipement et un environnement adéquats, la fondation aide les athlètes handicapés ou blessés à reprendre la route du sport. Les parrains de Bode, Go Fast, Kjus et WCSN feront un don à la fondation pour chaque course gagnée. Aucun coureur américain de son envergure n'a eu l'entêtement et la force de concurrencer de façon autonome les équipes nationales sur le circuit de la Coupe du Monde. Bode utilisera l'indépendance pour retrouver la motivation qui l'a déserté après 2005, alors qu'il était devenu le premier Américain à remporter le titre général de la Coupe du Monde depuis 1983.

La plupart des skieurs de l'équipe respectent sa décision. Les entraîneurs américains se sont engagés à ne pas l'entraver dans cette aventure personnelle. Ils l'inscriront officiellement sur des courses organisées par la Fédération Internationale de Ski, dont la Coupe du Monde.

— C'est difficile parce qu'on ne s'entraîne pas avec lui, déclare Ligety, mais il doit faire ce qu'il doit faire. Il doit conserver sa liberté. C'est quelque chose qui a du sens pour lui.

McNihchol confie qu'il est toujours en contact avec lui.

— Il nous manque beaucoup.

Bode renoue avec la forme physique et le plaisir. Il se sent prêt à affronter la saison 2007-2008. Il décide d'arrêter complètement l'alcool pour les mois de course qui suivent. Il travaille avec assiduité sur sa nutrition et son hydratation. Il veut montrer qu'il est un athlète entièrement dédié à son sport. Il est heureux de pouvoir bénéficier d'une plus grande souplesse au niveau de son programme d'entraînement. Et il revient vite au sommet puisqu'il égale le record américain de vingt-sept victoires de Phil Marhe en remportant la descente du Lauberhorn pour la deuxième année consécutive, en janvier 2008. Avec deux victoires à la suite en descente – il a également gagné à Bormio, en Italie, le 29 décembre – et une redécouverte de sa forme en slalom, Bode est en passe de devenir une légende avant la fin de la saison.

— Je me souviens quand j'étais jeune, c'était l'un de mes objectifs, déclare Bode, je voulais être le meilleur skieur américain de tous les temps.

Comme l'année précédente, l'Américain prive Didier Cuche d'une victoire en descente à Wengen. Pour que la similitude soit parfaite entre les deux éditions, Miller a devancé le Neuchâtelois avec le même écart (0''65) et largué tous les autres coureurs à plus d'une seconde. Il a attaqué dans tous les secteurs. Il était fier de lui.

— Au niveau de l'agressivité, j'étais parfait !

Tout l'enjeu sera de la conserver dans les mois qui viennent. On dit de lui qu'il a une force aussi primitive et irrésistible que la nature. Le ski reste tout sauf une machine à distinction. C'est un art. Il le pratique avec talent, à la recherche de l'attitude qu'il aura à cœur de garder en mémoire.

14

Le Kandahar

Chamonix - Les Houches, janvier 2008

Bode et son équipe traversent l'Europe à bord de leurs deux camping-cars rutilants pour rejoindre la France, où vont se dérouler plusieurs compétitions, dont la célèbre course du Kandahar.

La compétition porte depuis des années ce nom mythique. Au début du vingtième siècle, les skieurs entretenaient des liens étroits avec le monde politique. Cet intérêt pour le ski était le prolongement d'une obsession de l'alpinisme, remontant au dix-huitième siècle, lorsque l'ascension de sommets alpins était perçue comme une conquête de territoire.

Arnold Lunn est né en 1888 en Inde où son père, de culte méthodiste, était missionnaire. Ce dernier l'initie au ski dès son enfance, après avoir créé une agence de voyages faisant la promotion de ce sport en Suisse. Durant son adolescence, Arnold passe la plus grande partie de son temps à Chamonix et à Montana, en Valais, ainsi qu'à Mürren dans l'Oberland bernois. La famille Lunn organise la première compétition de descente de l'histoire à Montana, en 1911. Pour célébrer l'événement, ils demandent à un prestigieux général de l'armée des Indes, Frederick Roberts, comte de Kandahar, qui fut anobli après avoir mené la bataille de Kandahar durant la seconde guerre anglo-afghane (1878-1880), de donner son nom au trophée récompensant le vainqueur. Il accepte et Arnold Lunn continue de promouvoir le ski alpin dans toute l'Europe. Il fait disputer en 1922 le premier slalom (« course en S » en norvégien) à Mürren et fonde le Kandahar Ski Club en 1924. La même année, les premiers Jeux Olympiques d'hiver sont disputés à Chamonix et la Fédération Internationale de Ski est créée.

La FIS s'oppose dans un premier temps à la reconnaissance des épreuves de descente et de slalom, préférant se concentrer sur les disciplines nordiques. En 1928, Arnold Lunn souhaite organiser une nouvelle compétition alpine combinant le slalom et la descente. Il s'associe avec le skieur autrichien le plus célèbre de l'époque, Hannes Schneider. Ils souhaitent baptiser cette nouvelle course. Schneider étant originaire de la région de l'Arlberg, le nom de la course y fera référence. Et Lunn voudrait conserver le nom de son club. Ce sera donc l'Arlberg-Kandahar, aussi connue sous l'acronyme AK. Le premier AK est disputé en mars 1928 à Sankt Anton, il sera organisé ensuite à Murren, puis à Chamonix, Sestrières, Garmisch ou encore à Mont-Tremblant (Québec).

Cette compétition devient la plus reconnue dans le monde et le nom de Kandahar se répand dans le milieu. Elle est aujourd'hui considérée comme la première épreuve véritable de ski alpin. Elle a constitué le point de départ de l'incorporation de ce sport au programme olympique pour les Jeux de Garmisch-Partenkirchen, en 1936. Un vainqueur du combiné était auparavant proclamé par l'addition des temps de deux courses différentes (une descente et deux manches de slalom).

En 2005, la formule du super-combiné est lancée par la FIS, l'idée étant d'inciter les coureurs à la polyvalence avec une course en deux manches, comprenant une épreuve de vitesse raccourcie et une manche de slalom disputées la même journée. Bode a remporté quelques jours plus tôt le combiné (qui se présentait sous sa forme originelle) à Kitzbühel, en Autriche. Il devient plus régulier en slalom et se bat cette saison pour remporter un Globe avec sa propre équipe.

La piste de la Verte sur laquelle se déroule le Kandahar fait partie du patrimoine de Chamonix. Elle est précieuse car en France seules deux stations organisent des Coupes du Monde de descente masculine: Val d'Isère et Chamonix. À l'heure des premières classifications des pistes, le vert était la couleur de la difficulté. Le départ se situe en face du Mont Blanc et les Aiguilles de Chamonix, immenses, si près, impressionnent. En bas, la vallée apparaît dans la grisaille, il s'agit pour les coureurs de la rejoindre dans un grand plongeon. La piste déroule son ruban dans la vraie tradition de la descente, du sommet jusqu'à l'église du village.

Les coureurs savent qu'en pénétrant la cabane de départ, à 1871 m, s'ils lèvent les yeux, ils se retrouvent face à l'un des plus beaux paysages du circuit. Mais la concentration n'offre guère le temps de se distraire. Le sport transforme la vie sensible, le corps n'est plus que muscles, puissance, forme, lignes. L'espace est profus autour d'eux, blanc électrisant, reflétant la lumière. Ils sentent leurs corps qui se débrident, thorax bombés, peinant à contenir l'élan qui les soulève, ils oscillent, poussent sur les bâtons. Ils sont immédiatement pris dans un emballement, celui d'une intensité haute, traversé de la tête aux pieds par une émotion directe, sans nuances.

Une fois lancés, après trois courbes à grande vitesse, ils atteignent la cassure, la pente se plie sous les skis et ils décollent, volent sur quatre-vingts mètres avant de s'enfoncer dans l'obscurité du tracé. Dès la réception, les coureurs se mettent en ligne pour le passage d'Ericksen (du nom d'un Norvégien qui avait lourdement chuté dans les années 1950). Il faut alors négocier avec délicatesse le virage extrême du Rocher Blanc, la clé de la piste. Arrive ensuite le moment effrayant, le Goulet, emblème de cette course pour bon nombre de skieurs. C'est un deuxième grand saut, de 70 à 90 mètres, un saut spectaculaire dans le vide au-dessus d'un mur à 75 %, un vol audacieux entre les sombres sapins. Les coureurs ne savent pas où ils vont atterrir à cause de cette plongée dans l'ombre. Jean Vuarnet, le champion olympique de 1960, disait que c'était un « trou béant dans la forêt ». Les coureurs doivent ensuite négocier les mouvements de terrain de la « bosse à Perrot » et le fameux « S à Pessi » qui conditionne toute la fin de course, avec ses fatales parties de glisse. Il convient de s'attarder sur les détails d'aérodynamisme pour ne perdre aucun centième. Il n'y a plus de pente, alors il s'agit de prendre un maximum de vitesse sur la première partie. Puis, un dernier saut, et le schuss Battendier, une plongée vers l'arrivée sur une neige glacée qui nécessite un appui plus solide. La ligne est franchie à 1001 m d'altitude près de deux minutes plus tard. Ce n'est pas une course très complexe, mais elle demande toutes les qualités d'un bon descendeur : une excellente connaissance de ses moyens et une compréhension exacte du tracé. Elle a su parfaire son exigence. Chaque année, plus de 20 000 spectateurs viennent admirer les plus grands champions. En 2008, le Kandahar célèbre ses soixante ans, une grande fête attend les skieurs.

Le ciel reste voilé sur le haut de la descente du combiné ce 27 janvier 2008. Le cœur de Bode se dilate au sortir de la nuit. Il dégage sa tête hors de la couverture, le froid l'encercle d'une brume épaisse, il sent déjà son pouls dans les tempes, qui frappe toujours plus fort. Il regarde le ciel, comme chaque matin, il a confiance. Il prend une gorgée de café bouillant, s'habille à toute allure et enfile sa combinaison en lycra, rien dessous, la peau nue. Les bleus ont été pommadés, ils sont prêts à prendre de nouveaux coups. Bode est tombé lors des derniers entraînements en slalom. L'atterrissage lui a causé une belle contusion sur le haut de la jambe gauche et a troué sa combinaison. Ce matin, il peine à enfiler ses chaussures. Il sort et ne réussit pas à monter l'escalier. Un vrai supplice. Il décide de manquer la reconnaissance de la piste. Il veut garder son énergie pour cette course en deux actes, avant-dernière étape sur la route du Globe du super-combiné. Il se remémore son nouveau mantra : « Si tu parviens à convertir l'atmosphère particulière d'un grand événement en enthousiasme et en inspiration, tu peux parvenir à livrer une performance extraordinaire au sens propre du terme. » Il a besoin de cette stimulation, d'aller au-delà de l'excitation et de l'émotion, il veut trouver une inspiration supplémentaire. Les skieurs ne skient pas toujours pour le plaisir, mais pour accomplir quelque chose à la fois de fatal, d'aléatoire, et par conséquent d'héroïque. Il parviendra alors à skier à un niveau plus élevé encore que d'habitude.

Ce jour-là, justement, malgré ses douleurs, quand il entre en piste, il fait sensation. Il crée la surprise. Il a un plan et une méthode, une stratégie et un but, il s'agit de jouer sur la vitesse, la fluidité des gestes, l'adresse, il est aérien et puissant. Après le virage du Rocher Blanc, au premier intermédiaire il a 16 centièmes d'avance. Au deuxième intermédiaire : - 0,66. Au troisième : - 0,61. Au quatrième intermédiaire : - 0,37. À l'arrivée avec 1'41"70 (- 0,32 sur Didier Cuche), il signe le meilleur temps et s'annonce désormais comme le favori du super-combiné.

Le Français Jean-Baptiste Grange est très attendu sur la piste. Le skieur de Valloire entend son public dès le départ. Il s'élance et perd quelques centièmes à chaque intermédiaire. Il peut encore rattraper son retard en slalom, sa discipline de prédilection. À 14 h précises, la fête recommence avec le premier slalomeur qui s'élance en haut de la piste. Trois-quarts d'heure plus tard, Didier Cuche est au départ. Il commet une grosse faute sur le haut et perd 1,5 seconde. À l'arrivée, il a 4 secondes de retard et signe le dix-huitième temps. Bode est le dernier du premier groupe à s'élancer. Il s'acharne et tient bon. À l'arrivée, il signe le meilleur temps combiné et s'impose devant Ivica Kostelic et Rainer Schoenfelder. Benjamin Raich se classe quinzième à l'arrivée. Le Français Julien Lizeroux termine en cinquième position, mais il obtient le meilleur temps du slalom. Jean-Baptiste Grange parvient à remonter dans le classement et termine sixième. Le public français est fier.

Bode est heureux de gagner sur cette piste.

— La douleur donne finalement un avantage. Physiquement, tu es moins bien, mais mentalement elle crée un défi supplémentaire intéressant.

Il signe son quatrième succès de la saison. Il a réussi la course parfaite : la maîtrise totale d'un espace pour un temps donné, l'instant où l'on est tout-puissant sur un périmètre. Il reprend la tête du classement général provisoire devant Benjamin Raich (967 points contre 905). Une position qu'il n'a plus occupée depuis sa victoire au cours de la saison 2004-2005.

Certains skieurs s'étaient insurgés contre les modifications de tracé lors de l'épreuve de descente. Les organisateurs avaient décidé de faire tourner davantage les portes, car des coureurs s'étaient trop dangereusement envolés à la suite d'un saut. Une fois de plus, cette décision avait partagé les athlètes. Didier Cuche s'en offusquait.

— On dirait un super-G ! C'est dommage pour Chamonix, c'est dommage pour le Kandahar, pour l'esprit de la descente. C'est fait pour diminuer les écarts.

D'autres songeaient aux blessures et préféraient la sécurité. Bode rejoint Didier Cuche. Il préférait la version rapide de la descente. Il a terminé septième de cette course-là.

Le super-combiné, avec sa descente raccourcie et une seule manche de slalom, déçoit les anciennes générations de skieurs. Bode aimerait revivre les grandes envolées du passé. Le ski reste un sport très réglementé et ritualisé, défini par des coutumes et des traditions implicites, au point d'évoluer dans une relation ambivalente avec les extrêmes de l'émotion humaine : l'extase, l'angoisse, l'euphorie. La prochaine étape se déroule à Val d'Isère. Tous les skieurs seront sur un pied d'égalité, puisque cette piste n'a plus accueilli d'épreuves depuis quinze ans. Elle présente un autre profil et les dernières polémiques risquent de s'estomper rapidement. La face de Bellevarde est réputée terrifiante.

15

La face de Bellevarde

Val d'Isère, février 2008

Au sommet de la face de Bellevarde, les skieurs se massent le crâne, ils s'entraînent à voir au-delà de ce qui se glace, se plaque dans les plis de la pensée. Ils ne se lancent pas sans préparation, ils sont mouvants, s'échauffent dans l'espace réservé aux derniers mouvements de jambe, de bras, de cou, ils attendent de surplomber les nuages. Les coureurs montent sur les versants rocheux de la montagne en renards frileux et rusés. La piste c'est du béton. Du carrelage. Et il est difficile de développer davantage sur la géographie ou la matière. Sans skis, on tient à l'aide de crampons. Tout est abrupt. La face de Bellevarde n'est pas réellement une pente, plutôt une falaise : au sommet, il est possible de lancer une pierre jusqu'à son pied. C'est une montagne hostile qui tient à garder ses distances avec l'homme. Le risque d'avalanche après une tempête est si élevé que la piste est habituellement fermée aux skieurs récréatifs. La sculpture d'un parcours dans cette grande roche grise avait été un exploit.

La dernière course sur la face de Bellevarde eut lieu en 1992, aux Jeux Olympiques d'Albertville. Ce week-end, un an avant les Mondiaux qu'elle organise, Val d'Isère accueille la Coupe du Monde pour une descente et un combiné hommes. Il est évident que le tracé de 1992 et ses vingt-six virages ne sont pas adaptés au ski pratiqué aujourd'hui. La piste a été aménagée. Mais la face de Bellevarde provoque toujours des sentiments ambivalents, déstabilisants. Cette piste sans histoire, ou presque, fascine. Elle est tellement raide que les traceurs sont obligés de faire tourner la course. Il y a dès lors très peu de vitesse, 80 km/h en moyenne, contre 100 à 110 sur les autres pistes de la Coupe du Monde. L'arrivée se fait quasiment au cœur de la station, sur le front de neige. La piste est orientée est, elle possède 32 % de pente moyenne et un itinéraire de caractère. L'aire de départ se situe à 2 800 m, les coureurs peuvent contempler l'arrivée, apprécier l'ambiance sonore, 1 000 mètres plus bas. La piste possède un relief rebelle et des accents rocailleux. Elle a été voulue par le triple champion olympique français Jean-Claude Killy et dessinée par l'architecte des pistes Bernhard Russi. Elle est aujourd'hui conforme à ce qu'ils souhaitaient, « très rapide par endroits, relevée et soutenue ». Le dénivelé est tel qu'il suffit au skieur de tendre la main pour toucher la pente.

Elle possède, comme chaque piste, ses passages mythiques et stratégiques. Le départ est raide et plonge directement dans la pente. Après une section de glisse pure dans la partie haute, sa rudesse s'affirme avec un premier saut, la Bosse à Catherine (en hommage à une skieuse décédée dans une avalanche), d'une quarantaine de mètres, que les skieurs amortissent à 110 km/h avant d'entrer dans la partie technique. Il faut ensuite négocier le P2, un passage très fin avant d'aborder le Grand Mur. Les skieurs doivent garder un appui solide et dynamique, sous peine d'en manquer l'entrée. Celui-ci débute par un virage à 90° et une bosse qui désaxe les coureurs avant un mur à 50°. Les skieurs sont comme aspirés dans la pente. La présence d'ancolies – plantes vivaces protégées à fleurs bleues, épargnées par les concepteurs de la piste – a donné le nom au passage de l'Ancolie, la partie la plus technique du tracé, une figure assez rare qui requiert de belles prouesses risquées. Les skieurs entrent dans un terrible S, avec des virages glacés dans la pente, creusés, extrêmement raides. Ils doivent tenir. L'Ancolie, les coureurs adorent s'y confronter, ou le détestent. Certains Français l'ont surnommé le « passage de l'embolie ». La sortie se fait avec le virage de l'Aigle où les changements d'appui doivent être négociés avec précision. Le dernier obstacle sera la Bosse à Cathiard, en souvenir de Gaston Cathiard, créateur du Syndicat des moniteurs de ski, patron de Pomagalski. Un immense saut avant le schuss d'arrivée, constitue le bouquet final. Bellevarde impressionne aussi les organisateurs. La préparer reste une mission infernale.

Ce week-end du 3 février, deux cent cinquante personnes sont affectées à chaque coin de piste. Elles déblaient avec vivacité, lissent, et lissent encore. Mais les dernières chutes de neige ont été trop fortes et entraînent l'annulation de la descente prévue le samedi matin. Vingt à quarante centimètres de neige sont tombés sur Val d'Isère. À certains endroits, des congères d'un mètre se sont formées. Les équipes de la piste ont travaillé toute la matinée et doivent y retourner dans l'après-midi. Les machines nettoient la piste jusqu'à minuit. Les préparateurs se sont couchés à 4 h du matin avant de repartir à 6 h pour lisser. Grâce à ce travail conséquent, les coureurs pourront prendre le départ ce dimanche du super-combiné sur une piste parfaitement préparée.

Le tracé est rude pour la majorité des skieurs. Bode s'élance. À chaque effort se mêlent les souvenirs des deux combinés précédents. Se sentant courir jusque dans les muscles les plus lourds, sans distinguer s'il sent plaisir ou douleur, il parvient à cette pleine conscience de ses efforts et de ses forces, d'où naissent le style heureux et une richesse aiguisée de l'esprit. Il réussit magistralement sa descente. Le slalom qui suit est lui aussi très raide, et lorsqu'il s'élance en début d'après-midi, il veille à rester concentré. Il sait qu'il a pris une très grande marge en descente, qu'il lui reste à assurer pour gagner. Il devance de peu le duo croate formé par Ivica Kostelic et Natko Zrncic-Dim. Bode, déjà vainqueur du dernier entraînement, affiche sa satisfaction. Pour lui, la montagne de Bellevarde reste phénoménale.

— C'était vraiment un nouveau challenge. C'est unique et je me suis fait plaisir. Ici, dès que vous atteignez le sommet de la pente, vous voyez des milliers de gens qui skient. C'est très sympathique de faire une compétition dans une vraie station de skieurs.

Les deux Croates qui le suivent sur le podium sont de jeunes skieurs de vingt et un ans. Ce classement suscite la surprise générale.

— Nous sommes deux amis d'enfance, expliquent-ils radieux.

Ivica qui termine à seulement 38 centièmes de Bode ne cache pas sa joie.

— Aujourd'hui, je suis vraiment très heureux d'être sur le podium avec Natko, avec qui je skie depuis que nous sommes enfants. D'ailleurs c'est une vraie histoire de famille car mon père était le coach du père de Natko. Nous sommes peu nombreux de notre nation dans le classement de la FIS. Seulement une trentaine. Parfois, c'est dur moralement de ne pas faire partie d'une grande équipe.

Jean-Baptiste Grange, grand espoir français pour le Globe, après une bonne descente, est éliminé au début du slalom après avoir enfourché une porte. Il reconnaît la technicité de la piste.

— Là-dessus il vaut mieux être d'aplomb !

Didier Cuche partage cet avis.

— Cette piste est un mythe, elle est hyper technique et je me suis vraiment régalé aujourd'hui.

La victoire de Bode confirme les ambitions des organisateurs et des architectes de cette piste. Ils sont heureux de voir triompher un skieur de cette envergure. Du départ de l'action jusqu'au but, tout s'est déroulé de manière surréaliste. C'est cela l'exploit, ce moment où il ne se reconnaît plus lui-même. Le moment où la personne se dépasse, se surpasse, et ce fut, ce dimanche, d'une très grande beauté. Bode donne le sentiment d'être souvent dans cette dimension-là.

Val d'Isère attend désormais les Championnats du Monde de l'année prochaine avec impatience. Bode remporte ici sa cinquième victoire en Coupe du Monde de la saison, sa troisième en combiné après celles de Kitzbühel et Chamonix, et la trentième de sa carrière. Il sait déjà qu'il remporte le Globe de super-combiné avec un total de 410 points. Il devance Kostelic, le Suisse Daniel Albrecht et Jean-Baptiste Grange. Son agilité retrouvée sur tous les types de tracé est remarquable. Il termine la saison avec 1 409 points, soit 111 de plus que l'ancien vainqueur du classement général, l'Autrichien Benjamin Raich. Il décroche pour la deuxième fois de sa carrière le Globe de Cristal. Lindsey Vonn chez les femmes, le remporte également. Les Américains remportent cinq Globes en tout. Vonn ayant également décroché celui de descente, Ted Ligety celui de géant, et Bode celui du super-combiné. Il manque le Globe de descente de 5 points derrière Didier Cuche après l'annulation de la dernière course. Cette annulation le déçoit profondément. Il se concentrait sur cette possible victoire mais il n'eut pas l'occasion de courir l'ultime épreuve lui permettant d'y accéder.

C'est dans l'indépendance que Bode a trouvé une nouvelle source de motivation. Il reste perfectionniste et déclare qu'il peut encore progresser.

— Ce n'est peut-être pas très réaliste, mais je suis encore à la recherche d'une saison dont je serais vraiment fier et où j'aurais tout fait comme il faut. C'est un sacré défi avec tellement de paramètres qui entrent en ligne de compte. Mais c'est ce vers quoi je tends. En tout cas, je suis très fier de ma structure. Nous avons fait des choses incroyables. Nous ne devons pas nous arrêter là.

John McBride, celui qu'il a débauché de l'US Ski Team l'an dernier, estime lui aussi qu'il leur reste une grande marge de progression.

— Je suis heureux de ce Globe. Bode a retrouvé son immense talent. Cela reste encore trop irrégulier cependant. Je ressens comme une grande frustration en pensant à certaines occasions ratées. Aujourd'hui, le bonheur de ces victoires est entaché par l'annulation de la descente. Bode voulait tant ce titre. La dernière occasion d'y accéder n'a pas pu se présenter. C'était très dur pour lui.

Il conclut tout de même avec une belle fierté.

— C'est un grand jour pour les États-Unis.

Bode Team America n'aura pas les mêmes membres la saison prochaine. McBride quitte l'équipe, il souhaite consacrer plus de temps à sa famille. Le technicien Robbie Kristan souhaite également démissionner pour des raisons familiales, tout comme l'oncle Mike Kenney. Le seul de ses trois entraîneurs qui reste à bord est Forest Carey. L'équipe des États-Unis sera également en transition. L'entraîneur des hommes, Phil McNichol, a annoncé sa démission après onze ans passés au sein de l'USSA. Il a été récompensé par une belle saison masculine, notamment avec la victoire de Ted Ligety au titre de Coupe du Monde de slalom géant.

Bode, quant à lui, doit désormais constituer un nouveau clan. Il persévère.

— Mon but dans la vie est la poursuite du bonheur, la poursuite étant le mot-clé. Le bonheur n'est pas une excuse pour relâcher, c'est l'occasion de faire de votre mieux. S'il est bousculé, alors il faut redoubler d'efforts pour créer quelque chose d'extraordinaire. Mon obstination et mon dévouement à mes propres objectifs ont été de loin les choses les plus importantes de ma vie. Je suis toujours resté fidèle au skieur que j'étais. Et ce sera toujours comme cela. Mon ski passe avant tout.

Bode dessine juste des trajectoires, et il cherche à les exécuter de la manière la plus artistique qui soit. À peine esquissées, elles disparaissent sans laisser de traces.

16

Championnats du Monde de ski alpin

Val d'Isère, février 2009

Le Bode Team America repart sur les routes du Cirque Blanc avec une configuration nouvelle. Bode a remplacé son oncle Mike et John McBride par deux nouveaux coaches. Forest Carey sera désormais assisté par l'ancien entraîneur du club de ski et de snowboard de Vail, Craig Daniels, qui connaît Bode et Carey depuis dix ans. Fritz Züger, un ancien entraîneur suisse qui était déjà là ponctuellement la saison dernière, est également de la partie. Bode a renouvelé sa flotte des cinq dernières saisons. L'équipe possède désormais trois véhicules. Bode et Jake Serino vivent et voyagent dans un camping-car un peu plus spacieux et accueillant. Les entraîneurs occupent un véhicule qui comporte une section fermée à l'arrière pour le rangement de l'équipement de musculation. On trouve également tous les outils de son atelier : une table, des vis, de la cire et des perceuses.

Bode a suivi une préparation intensive sur les terres arides du New Hampshire et à Aspen, tout au long de l'été et jusqu'à l'automne. Il a rechaussé en août en Nouvelle Zélande et s'est rendu en Autriche pour la phase finale de sa présaison. Pendant ses dix-sept jours en Nouvelle Zélande, il s'entraîne avec les Autrichiens. Sa main était fracturée à la fin de la saison dernière, mais il est désormais rétabli. Il se concentre sur son explosivité. L'un de ses principaux objectifs est de retrouver son meilleur niveau entre les piquets.

— Je vise le Globe de descente et celui de slalom, a-t-il précisé lors du point presse de son équipementier.

La venue, chez Head, de spécialistes de la discipline comme Schönfelder et Larsson favorise la mise au point de skis mieux adaptés. À un moment de sa carrière, Bode semblait perpétuellement insatisfait, il changeait de skis régulièrement. Il signe aujourd'hui sa troisième saison avec Head. Le point culminant de cet hiver sera les Championnats du Monde, du 2 au 15 février à Val d'Isère, en France.

L'année commence en dents de scie. Le 17 novembre, Bode termine deuxième derrière Jean-Baptiste Grange au slalom de Levi, en Finlande. Il s'agit de son premier podium en slalom depuis 2004.

— Ça fait longtemps, je me suis souvent senti à l'aise, mais je n'ai jamais réussi en course, déclare-t-il.

En décembre à Beaver Creek, il chute lourdement en descente. Il se blesse à la cheville gauche. Le gonflement est considérable, et pour y faire face, Bode change de chaussures, choisit une pointure plus grande, ce qui compromet la précision de sa trajectoire. Ses pieds, avec leur peau racornie, leurs ongles jaunis, font penser à des carapaces de vieux crustacés. Il souhaite continuer malgré la douleur. Le lendemain, il perd son équilibre en super-G et termine quatorzième. Les médias reviennent à la charge et l'interrogent sur ce qui le motive.

— C'est la même chose pour moi, comme cela l'a toujours été, explique Bode alors qu'il rentre à pied vers son camping-car, skis sur le dos, griffures sur le visage. Je veux skier, faire de belles courses. Je veux être capable d'aborder des situations risquées. Parfois vous gagnez, parfois pas. Ce fut une journée amusante, juste parce que, après avoir fait l'erreur, je me suis poussé en dehors de mes limites.

Bode aime le sport et rappelle qu'il ne vise pas seulement le classement, à l'inverse des journalistes et des entraîneurs. Il aime une course si celle-ci devient intéressante. Bode a tout couru, il ne manque presque jamais rien. La liste des récompenses qu'il n'a pas remportées est nettement plus courte que celle de ses réalisations. Les médias tentent d'en savoir plus. À Beaver Creek, ils se rapprochent de Bode, mais il part rapidement et ne consent qu'à une courte interview. Cela fait bien longtemps qu'il a rompu tout contact avec les journalistes. Depuis qu'il évolue au sein de sa structure indépendante, il n'est plus obligé d'accorder des entretiens.

Les Championnats du Monde de Val d'Isère débutent le 4 février 2009, un an avant les Jeux Olympiques de 2010. Les meilleurs coureurs se retrouvent dans la station de Tarentaise durant deux semaines. Le super-G masculin est la première épreuve prévue. Ils sont 70 coureurs de vingt-sept pays sur la liste de départ et Bode doit partir douzième. Il s'apprête à dompter de nouveau la face de Bellevarde, cette piste qu'il a dominée l'année dernière, suscitant l'admiration de tous. Cette année, à la fin de la reconnaissance du super-G, Didier Cuche avoue avoir fini par en rire tant cette pente lui paraissait impossible à skier.

— Je me suis demandé comment j'allais faire !

En cette matinée ensoleillée, l'air brûle dans la poitrine de Bode et l'irrite. Il s'engage alors avec force. Le vent fait remonter vers lui les cris de joie et les bribes des phrases hurlées pour l'encourager. Au tréfonds de lui, le froid demeure une oppression lointaine et mystérieuse qui enfle. Comme toujours durant les courses de Bode, le monde s'arrête de tourner le temps d'une minute. Ses compagnons interrompent leurs interviews pour observer la trajectoire de l'artiste. Les coureurs juniors lèvent les yeux et admirent ses mouvements imprévus, qui vont à l'encontre de tout ce que l'on enseigne durant les entraînements. Bode choisit de serrer ses courbes, brisant les portes de son armure corporelle. Il serre les dents, sa cheville le lance. Il tente de l'oublier en sculptant de grands arcs, osant même quelques dérapages rapides lorsque la vitesse devient trop grande. Tout semble bien se dérouler, quand, environ 27 secondes après le début du parcours, il tombe sur le côté et glisse lourdement sur la neige dure. Il se redresse instantanément, mais se positionne loin de sa trajectoire et perd tout espoir de médaille. Son ski surprenant fait le spectacle et la foule l'acclame. Malgré sa chute, il réussit à terminer douzième. Didier Cuche est le grand gagnant sur cette piste effrayante. Bode reste motivé et porte son attention sur la prochaine course du programme, la descente, prévue le 7 février.

Ce jour-là, les premiers coureurs s'élancent sous un ciel bleu. Lorsque le dix-huitième coureur, l'Autrichien Klaus Kroll, prend le départ, la visibilité semble correcte au sommet, mais une bande brumeuse commence à monter doucement. Bode s'avance, avec son dossard 19. Il se positionne derrière le portillon pour voir Kroll disparaître dans les nuages. Quand les organisateurs au départ demandent à Bode de se préparer, il reste stupéfait. Il n'a aucune chance dans ces conditions.

— On n'y voit rien, arrêtez la course ! lance-t-il.

— Dix secondes ! obtient-il pour seule réponse.

Déconcentré, Bode pousse fortement sur ses bâtons pour affronter la face de Bellevarde et fonce à l'aveugle vers un mur de brouillard. Instantanément, il est pris de vertiges. Du coin de l'œil, il aperçoit des zones précises où il aurait aimé être. Il opte sans réel choix pour une trajectoire différente de celle qu'il avait planifiée. Il réussit à terminer à la huitième place, juste devant Kroll, mais à 1,60 seconde derrière le Canadien John Kucera, qui remporte la médaille d'or.

Suit le combiné. Bode fait une excellente descente. Malgré une grande faute sur son ski intérieur où il pose presque tout son flanc contre le sol, il rattrape le temps perdu sur la fin du parcours et termine à la deuxième place, à tout juste 4 centièmes d'Aksel Lund Svindal. Bode a alors toutes ses chances pour la médaille s'il assure le slalom. Les télévisions diffusent son visage concentré dans la cabine au départ de la deuxième manche de la course. Il resserre sa chaussure sur sa cheville blessée et s'élance. Il choisit une trajectoire audacieuse. Au huitième virage, son ski gauche se glisse dans une profonde trace laissée par les coureurs précédents et il perd l'équilibre. Il laisse tomber sa main droite sur la neige, retient son immense masse, et se relève pour terminer la course. Malgré cette faute, il met 15,66 secondes pour atteindre le premier intermédiaire. Le Français Julien Lizeroux l'a atteint en 15,53 secondes, prenant la tête du classement. Bode est sur le point de remporter une médaille d'argent. Inconscient de son temps, mais persuadé que son erreur lui a coûté de précieuses secondes, il prend des risques. Au milieu du tracé, il frôle un piquet de trop près. Son ski gauche ripe sur la glace. Cette fois-ci, sa pointe de ski passe du mauvais côté du piquet et il l'enfourche. Sa course est terminée, alors il s'arrête, déboucle ses chaussures, tourne son regard vers le haut de la pente, étudiant la porte qui l'a mis en difficulté. Svindal attend dans la cabine de départ, il sait désormais que Bode est sorti. Il entend une explosion de joie dans l'aire d'arrivée, Julien Lizeroux remonte d'une place sur le podium. Bode se tient sur le côté du parcours et regarde Svindal se diriger prudemment là où il avait été agressif. Son temps reste supérieur à celui de Lizeroux mais il remporte le combiné avec les deux temps cumulés.

Bode sortira également du géant et du slalom. Lors du dernier jour de course, il s'échappe du tracé, éliminé. Au lieu de descendre le long de la piste pour rejoindre l'aire d'arrivée, il reste sur le côté, attendant que l'on vienne lui apporter son anorak. Une fois récupéré, il s'assied dans la neige. Il reste plus d'une heure à regarder les autres coureurs, des skieurs non classés. Alors que le podium s'installe (Pranger, Autriche ; Lizeroux, France ; Janyk, Canada), il reste seul sur le côté du parcours. Très vite, les photographes se dirigent vers lui, chaussés de crampons pour ne pas glisser, et levant leurs longs téléobjectifs. Ils mitraillent l'Américain, imaginant ces photos comme les dernières du grand champion. Les images prises le montrent recroquevillé, enveloppé dans la veste de son équipe, regardant son téléphone portable, puis fixant la montagne, perdu dans une séquence de pensées insaisissables. Il est là. Noueux, tendu, sec. Une part de l'existence peut-elle dépendre d'un blanc, d'un simple court-circuit de la conscience, d'une rupture de toute communication, de la première expérience d'une impuissance ? En un millième de seconde, son corps victorieux serait-il à jamais réduit à néant parce qu'un jour, au bord d'une piste, les deux jambes se sont figées, une respiration s'est arrêtée, un élan s'est coupé ?

Quand il se décide à descendre, plusieurs journalistes l'assaillent. Bode annonce calmement qu'il souhaite faire une pause. Il ne participera pas à la prochaine course de Coupe du Monde de Sestrières. Ce ne sera pas une retraite, juste des vacances. Il manquera seulement une semaine. Il a besoin de chaleur sur la peau et dans le crâne. Les médias sportifs américains qui avaient accablé Bode en 2006 après les Jeux Olympiques de Turin redoublent de commentaires déloyaux. On dit que les seules personnes qui se soucieront de lui désormais, au crépuscule de sa carrière, seront celles qui fêteront les rebellions sans âme. Cela ne semble plus l'atteindre. Il a désormais de nouvelles préoccupations. Bode Miller a vécu de nombreuses idylles, souvent dans l'insouciance et la légèreté. Sûrement parce qu'il est plus facile de tailler un visage sur le flanc d'une montagne que d'avancer de quelques pas dans l'amour. Moins dur de dévaler les pentes que de promettre la plus infime présence.

Mais le 18 février, la presse annonce : « Bode Miller est père. Il manquera la Coupe du Monde pour l'anniversaire de sa fille. » Le grand public apprend ainsi l'existence de Neesyn Dacey, que Bode appelle Dace, et qui aura un an le 19 février. Plus d'une

Chamonix, le 3 février 2012. Bode Miller lancé dans la célèbre descente du Kandahar, aux Houches, qu'il terminera en seconde position derrière l'Autrichien Klaus Kroll.

20

Ci-contre, Bode Miller s'élance dans la descente de Coupe du Monde de Val d'Isère en janvier 2008. Un an plus tard, la station de Tarentaise accueille les Championnats du Monde. Ci-dessus, Bode en action dans le super-G et lors du slalom du combiné.

Val d'Isère, le 15 février 2009. Bode vient de chuter dans la seconde manche du slalom des Championnats du Monde. Il reste un long moment à méditer au bord de la piste.

Bode à l'arrivée de la descente des Jeux Olympiques de Vancouver le 15 février 2010, dont il remporte la médaille de bronze. Quelques jours plus tard, il décroche l'or du combiné devant le Suisse Silvan Zurbriggen (bronze, à gauche) et le Croate Ivica Kostelic (argent, à droite).

Bode Miller dans un des nombreux sauts de la mythique Streif, à Kitzbühel.

Ce 22 janvier 2011, il termine deuxième derrière le Suisse Didier Cuche (au centre) et devant le Français Adrien Théaux.

Bode dans la descente du combiné des Jeux Olympiques de Sotchi, le 14 février 2014.

Deux jours plus tard, il remporte le bronze en super-G, terminant ex-aequo avec le Canadien Jan Hudec, derrière le Norvégien Kjetil Jansrud (or) et l'Américain Andrew Weibrecht (argent).

Ému aux larmes à l'arrivée, dans les bras de sa femme Morgan Beck.

Bode à la remise des médailles
du super-G des Jeux Olympiques
de Sotchi, le 16 février 2014.

année déjà s'est écoulée depuis le jour où il avait aperçu cette timide mais régulière pulsation de son pouls. Le battement du cœur de son enfant. Maintenant, alors même qu'il voulait prendre en main son avenir et sa carrière, il sentait qu'il devait être à ses côtés. Le skieur le plus inspiré du circuit était devenu père et ses responsabilités pesaient sur son ski. Il se le répétait: «Je suis père!» Cette naissance secouait ses propres entrailles. Il articulait en silence le prénom de sa fille. Sa vie était trop commentée désormais pour qu'il ne fût pas son propre spectateur. Cela durait depuis trop longtemps.

Il décide alors de faire l'impasse sur la Slovénie pour reposer et soigner sa cheville. Il ne le dit jamais ouvertement mais cette décision fut prise pour rester auprès de Dace. Il y avait dans son regard vague, lors des interviews volées aux arrivées de Val d'Isère, un trouble touchant. Bode avait réussi à cacher cette naissance en s'éloignant des médias. Il n'avait pas souhaité exposer sa vie privée.

Au cours des trois années et demie écoulées depuis Turin, le frère de Bode avait souffert d'une lésion cérébrale traumatique survenue lors d'un accident de moto en 2005. Au printemps 2007, son cousin fut tué à Franconia lors d'une échauffourée sur le bord de la route avec un policier. Ces chapitres douloureux, s'ils venaient aux oreilles de la presse, feraient les gros titres des journaux, et Bode ne voulait rien de tout cela. Alors au presque terme de cette saison bancale, ses choix sont respectés et compris. Quelques semaines plus tard, il annonce qu'il ne courra pas les sept dernières épreuves du programme à Kvitfjell (Norvège) et les finales d'Are (Suède).

— Pour plusieurs raisons, j'arrête ma saison. Je l'ai entamée motivé, au niveau espéré physiquement et mentalement, mais les résultats escomptés n'ont pas été au rendez-vous. Cela fait longtemps que je cours et j'ai besoin de faire une pause.

Il ne dit rien sur l'éventualité d'une retraite. Il est actuellement huitième du classement général. Il compte trois podiums mais n'a remporté aucun succès cette saison. Il a encore une chance de remporter le Globe de descente. Il figure au troisième rang du classement provisoire. Mais les victoires ne sont que les objectifs que chacun de nous se fixe. Les innombrables défis de Bode prennent désormais la densité et l'impénétrable opacité des mystères, ils embuent son regard.

Ce n'était pas seulement sa cheville et les mauvais résultats à Val d'Isère qui l'avaient découragé, c'était aussi le ski qu'il avait vu de ses pairs, même de certains gagnants. Il s'était mis à penser que le ski devenait sans inspiration et conservateur, le travail de stratèges en course comme s'ils avaient tout à perdre. Il fallait gagner des points, et cela semblait désormais constituer l'ultime but, plutôt que de risquer tout pour la grande victoire ou l'effort inspirant. Il voyait en Hermann Maier, Stephan Eberharter, Lasse Kjus, Kjetil André Aamodt des skieurs authentiquement agressifs et audacieux. Il retenait de ces hommes leur état animal dans la cabine de départ, et le mépris, presque irrationnel, dans les pentes. Ils ne cherchaient pas à gagner 100 points ni même à recevoir un chèque. Il était mélancolique de l'énergie irrévérencieuse d'autrefois.

À Val d'Isère, Sasha Rearick, l'entraîneur principal de l'équipe américaine, s'entretient avec Bode. En fin de course, il lui suggère un rendez-vous pour évoquer ses projets futurs. Mais Bode disparaît et on ne le revoit plus. Il sort de cette saison exténué. La blessure de fin d'année à Beaver Creek s'est révélée très sérieuse : sa cheville est brisée, les os craquelés. Aggravée en permanence pendant la saison, sans possibilité de guérison, la douleur a déformé son pied.

On lui parle sans cesse des Jeux Olympiques qui approchent. Il aime les Jeux, ses deux médailles d'argent à Salt Lake City figurent parmi ses souvenirs préférés. Il a cependant trop souffert de Turin, des retours odieux et ce qu'il a dû déployer pour montrer qui il était vraiment. Il craint aussi que les Jeux de 2010 ne réduisent sa liberté. Cette fin de saison s'annonce comme l'un de ces instants où l'évidence semble jaillir du marasme pour vous sauter aux yeux avant de s'enfuir aussitôt, de disparaître encore, dans les ombres de l'existence.

Deux ans après la séparation de Bode avec l'équipe américaine, Sasha Rearick croit en une nouvelle ouverture. Les deux se connaissent depuis des années et Rearick admire son intensité. Il aimerait bâtir de nouvelles relations avec lui. Durant l'été, il lui envoie plusieurs messages. Il lui promet une place.

— Quoi que tu décides, Bode, je veux que tu saches que la porte t'est totalement ouverte.

Les appels sont restés sans réponse.

17

Jeux Olympiques de Vancouver

Février 2010

À la fin de l'été, Bode se décide à appeler Sasha Rearick. Il présente ses excuses et tente d'expliquer son silence. Il avait besoin d'une rupture complète avec le ski. Il voulait se concentrer uniquement sur sa motivation. Rearick lui annonce qu'il souhaite travailler avec lui. Personne dans le ski américain n'a égalé son talent et son audace. Il le pense encore capable de tout.

Rearick étudie le calendrier. Les budgets de l'équipe sont déjà bouclés, tout a été payé, réservé, des billets d'avion aux chambres d'hôtels. La plupart des membres de l'équipe ont déjà passé vingt jours sur les skis. Dans quelques jours, les descendeurs seront en route pour Portillo, au Chili, où un rude entraînement les attend. La première course de Coupe du Monde aura lieu dans six semaines à Sölden et les Jeux Olympiques dans six mois à Vancouver.

Rearick désire surtout savoir comment se sent Bode, s'il est physiquement bien. Sa blessure à la cheville a été soignée, il est rétabli à ce niveau-là. Cela fait des mois que Bode ne s'est pas entraîné. Il s'est principalement occupé de sa fille. Mais il est prêt à revenir et l'annonce sans détour à Rearick :

— C'est okay, mais il faudra que les prochains mois soient intenses.

Rien de tel n'a été fait auparavant, et cet argument les enthousiasme tous les deux. Les meilleurs coureurs du monde possèdent une grande avance sur Bode, mais Rearick croit en ses chances. Il confie même à Bode que cela ne l'ennuie pas qu'il se déplace en camping-car. Ce qui l'intéresse, c'est l'effort. L'idée de base serait d'atteindre les meilleures performances d'ici janvier sur les plus grandes courses de la tournée masculine, Wengen et Kitzbühel, juste avant la sélection de l'équipe olympique. Bode n'irait pas à Portillo, ni au géant de Sölden. Il s'entraînera en revanche sur les glaciers en octobre pour tester les skis. Quant à Vancouver, ils conviennent d'un seul point: minimiser les distractions. L'Amérique se sent désormais entièrement concernée par les Jeux Olympiques. Rearick promet à Bode de le protéger autant que possible de l'intrusion médiatique.

En septembre, Bode passe une série de tests physiques. Les résultats confirment qu'il est loin de ses précédents repères de puissance et de force. Rearick n'en a cure. Il convainc Bill Marolt de le réintégrer. Celui-ci veut bien faire l'effort malgré ses dernières déceptions. Bode l'avait franchement critiqué. Au fil des années, Marolt et les membres de l'équipe ont appris à passer outre.

À quelques exceptions près, Bode n'a eu aucun échange avec les médias depuis Turin. Avec le Bode Team America, la politique non officielle avait été d'éviter le contact direct avec les journalistes, en refusant presque toutes les demandes d'entrevues formelles. Fin septembre, il lui semble opportun d'organiser une conférence de presse. Une quarantaine de membres des médias répondent à l'invitation. Ce jour-là, il parle du manque ressenti. Il a voulu prendre d'autres chemins, mais il a compris que le ski restait « sa principale forme d'expression ». Parce que rien n'est plus enivrant que la course, que cette pente vers l'absolu et cette vie qu'il dévale. Devant les journalistes, il décrit tout ce qui se passe en lui, l'étrange fièvre qui le consume avant le départ, qui lui chauffe le sang, et ce désir de skier à tout prix.

— Vous savez, mon cuir a pris de nombreux coups, mais la passion reste plus forte que tout, il faut que je sois sur les skis pour assouvir mes plus profonds élans.

Il sait qu'il en a encore sous le pied. Il déclare en toute transparence que son retour repose sur des conversations avec l'entraîneur de l'équipe US, Sasha Rearick, et le directeur général, Bill Marolt. On lui demande s'il regrette le résultat des Jeux Olympiques de Turin. Il répond simplement:

— Mes actions prochaines seront beaucoup plus significatives que des excuses.

Bode reste préoccupé par une extrême authenticité.

— Je vais désormais travailler pour arriver au meilleur niveau.

Il ne sera pas plus prudent ou calculateur. Il promet de prolonger son agressivité. Il courra les cinq épreuves alpines aux Jeux Olympiques de Vancouver. Des questions fusent sur le fait qu'il n'a gagné aucune course en géant. Rearick rappelle que Bode a remporté une médaille d'argent dans cette discipline à Salt Lake City en 2002, l'or aux Championnats du Monde en 2003, le titre de la Coupe du Monde en 2004 et neuf victoires en Coupe du Monde. Cette conférence surprend Bode. C'est un peu comme s'il était un jeune athlète, comme s'il en découvrait les couleurs, parce que vivre vraiment, c'est toujours débuter.

Il s'entraîne avec ardeur. Il met de nouveau à l'épreuve sa puissance et sa résistance. Ses entraîneurs vont courir avec lui pour s'assurer qu'il a encore de bonnes jambes. On lui rappelle la position correcte pour travailler l'équilibre, toujours. Avec l'équilibre vient la liberté. Il donne la stabilité, et la stabilité la vitesse, et la vitesse la puissance. Le 12 décembre, après sa neuvième place au super-G de Val d'Isère, Bode décide de se détendre avec une partie de volley. Durant le match, il se tord violemment la cheville.

Quand une blessure survient, c'est que la réaction n'a pas été suffisamment rapide. Le système proprio-réceptif permet normalement de récupérer la situation. Mais, en cas de fatigue excessive, il ne répond plus. Il s'agit de la cheville droite, celle qui n'a pas été blessée l'année dernière. Bode boîte, il retire ses chaussures et observe son pied : il est gonflé comme un ballon. Enfiler une chaussure de ski devient une torture. Il manque alors deux semaines de courses. Il revient le 15 janvier et remporte ce jour-là sa première course en Coupe du Monde de la saison en gagnant le super-combiné de Wengen, en Suisse.

Bode ne perd pas de vue son objectif principal, les Jeux Olympiques. La compétition approche et il se sent prêt à gagner. Il n'a pas réellement changé. Car même s'il parle de gagner, son mantra, répété à maintes reprises – traquer la course parfaite en priorité, et non les médailles – reste au cœur de ses croyances. Le ski n'est pas moins sérieux que la vie, voilà pourquoi l'un et l'autre se confondent parfois.

Depuis le début de cet hiver 2010, l'enneigement est problématique. La tournée de la Coupe du Monde est radicalement modifiée, certaines courses sont reportées, reprogrammées, raccourcies et annulées. À Whistler, où se déroulent les épreuves de ski alpin des Jeux Olympiques, la neige n'avait pas totalement disparu, mais elle était douce, en fine pellicule, inappropriée pour la course.

À la veille de la première course des Jeux, le brouillard et la neige trop molle entraînent l'annulation des entraînements de la descente et soulèvent la perspective d'un report de l'événement. Les coureurs doivent opérer des changements tactiques sur le fartage des skis pour tenir compte des soubresauts constants de la météo. Il a plu la majeure partie de ces derniers jours, rendant la neige boueuse. Les organisateurs s'inquiètent, le tracé se creuse et peut devenir dangereux.

La piste de descente de Whistler n'est pas considérée comme un vrai parcours de vitesse, selon les normes de courses, ni comme un parcours plus technique. Le haut est plutôt facile, puis la pente apparaît, il y a de nombreux mouvements de terrains, des passages techniques avec des changements de directions, des aspérités, des compressions et deux grands sauts en vue de l'arrivée, où les coureurs décollent sur plus de cinquante mètres. C'est une piste naturelle qui a été conçue en épousant le relief de la montagne. Ici, le vent et les nuages dominent l'espace et le temps. Le sentiment de flottement, de liberté, s'affine dans cette immensité. Il ne s'agit plus d'aller au-delà de ses limites, mais plutôt dans l'émancipation de celles-ci. Le panorama les redéfinit, élargit les potentiels et les horizons possibles.

L'entraînement de la descente se déroule sous les averses de neige. Les coureurs s'élancent à la moindre trouée de lumière, à la moindre accalmie. Après les dix premiers compétiteurs, les parties basses de la piste commencent à se dégrader. Tous ces coureurs lourds qui appuient de tout leur poids aux mêmes endroits creusent des cratères dans le parcours. La réussite dans de telles conditions nécessite une approche radicale. Ceux qui skient en puissance souffrent, s'enfoncent, tombent ou sortent du tracé. Au-delà de l'adaptation de sa technique, c'est un changement mental qui est requis, le genre de circonstance qui favorise les skieurs expérimentés. Ces conditions ne sont pas habituelles, on ne les voit plus depuis très longtemps. Il y a quinze ans, on les rencontrait. Des neiges préparées avec les moyens de l'époque, pas de façon aussi lisse que ce que l'on obtient aujourd'hui. Il va falloir dompter ces nouvelles conditions, la clé sera de concilier force et persévérance.

Bode participe le soir des entraînements à la cérémonie d'ouverture des Jeux à Vancouver. Il y puise une grande énergie positive. Le matin du 13 février, le jour officiel de la descente, Günter Hujara, l'intransigeant directeur des courses masculines de la FIS, et le jury se rendent sur le haut du tracé. Ils annulent immédiatement la course. Comme beaucoup l'avaient craint, la piste n'est pas uniforme. Le sommet, qui reste encore le plus praticable, a été arrosé de neige fraîche. Le milieu est un mélange de neige et de pluie. Et sur la partie basse, il pleut encore.

L'adaptabilité sera cruciale. Rearick incite l'équipe à profiter de ce jour de congé inopiné. Certains partent skier en poudreuse, d'autres donnent des interviews. Un groupe d'entraîneurs joue au squash. Seul Bode sort pour s'entraîner. Il ne vit plus qu'autour de ses prochaines courses, et l'esprit quadrillé de paramètres techniques, saturé de commandements, de rappels à l'ordre qu'il s'adresse à lui-même, tenu par la volonté qui l'oriente incessamment vers son but, qui lui interdit d'entendre quoi que ce soit d'autre. Cette approche radicale, obsessionnelle, lui fait prendre conscience d'un vide qui s'était creusé en lui. Il est en manque de ces efforts, de ces torsions musculaires qui délimitent si bien le corps des skieurs, le dessinent sur la neige, lui donnent son juste volume, sa précision éternellement perfectible.

Le ciel bleu apparaît au-dessus de Whistler le 14 février. Quatre jours se sont écoulés depuis les entraînements. Aucun technicien ne sait quel fart fonctionnera le mieux. Aucun entraîneur ne peut parler de la vitesse à laquelle les skieurs iront en entrant dans les sauts. De cette façon, ce sera la course olympique parfaite, pleine d'inconnues. La médaille ira aux coureurs tenaces, prêts à s'engager dans des conditions rudes et aléatoires.

Le 15 février, les préparateurs passent la nuit sur la piste. Près de la cabine de départ, les coureurs se rassemblent, attendant la reconnaissance. Bode ressent l'intensité du moment, il est nerveux. Il prend le télésiège jusqu'au début du parcours avec son coéquipier Marco Sullivan. Ils n'échangent pas un mot. Les préparateurs ont injecté de l'eau sur la piste entière. Le parcours est glacé, truffé de pièges et de bosses. Pour Bode, l'anxiété est bonne. Il prendra le départ avec le dossard 8. Le stress le galvanise, il en devient flamboyant. Il s'étire une dernière fois, retire la neige sur ses skis et se rend, stoïque, derrière le portillon. Il s'élance, pousse sur ses bâtons et plonge dans la descente, les mains directement devant son visage. Il se sent bien. Il se lâche. Il va vite. Dès le premier intermédiaire, il est en avance. Il prend des trajectoires beaucoup plus directes que les autres et il tient sa ligne. Les mouvements de terrain heurtent sa descente, mais il parvient à contrôler l'équilibre. Il garde une vitesse impressionnante sur cette neige glacée. Les commentateurs sont admiratifs.

— C'est énorme ce qu'il est en train de faire ! Regardez sa vitesse ! C'est une course pour l'or !

Il entend la foule lors de son dernier saut. Il franchit la ligne et savoure seul sa course durant quelques secondes. Puis, il lève les yeux et voit qu'il a pris la tête du classement à 0,42 seconde. Il ne reste plus qu'à attendre les autres concurrents en espérant que son temps tienne.

Les coureurs tombent. Le Norvégien Svindal s'élance avec le dossard 16. Il franchit la ligne avec 0,02 seconde de moins que Bode. Svindal s'approche de Bode, qui le salue en lui tapant dans la main. Essoufflé, Svindal lui dit qu'il a regardé sa course à la télévision.

— J'ai vu que tu étais en tête, je me suis dit que je devais aller vraiment tout droit pour te battre, lui confie-t-il.

Deux skieurs plus tard, le Suisse Didier Defago bat Svindal de 0,07 seconde. Il y a moins d'une semaine, Defago ne savait pas s'il se qualifierait pour la descente olympique masculine. Il n'avait pas encore gagné l'une des quatre places suisses. Svindal n'avait pas remporté de descente depuis un an quasiment. C'était encore mieux que Bode. Il n'avait plus gagné de descente depuis deux ans maintenant. Beaucoup disent que sa première place ne pouvait plus tenir quand le soleil est apparu, à partir du dossard 15, et que la visibilité s'est améliorée pour Defago et Svindal. Bode ne fait pas de commentaires, il reste satisfait de sa course, à neuf centièmes de la médaille d'or.

— À Turin, j'étais prêt à gagner et j'ai bien exécuté certaines choses, mais je n'étais pas impliqué émotionnellement. J'ai traité les courses de manière froide et clinique. Aujourd'hui, vous pouvez sentir mon énergie nerveuse. Je ressens vraiment l'esprit des Jeux. Capturer un peu de cet environnement olympique, l'utiliser pour m'inspirer était l'une des raisons pour lesquelles je voulais revenir en course. J'ai eu des frissons, j'ai eu peur, vous traversez les montagnes russes émotionnelles, mais vous ne gardez que le positif. On se laisse remplir par cette palette d'émotions et l'on donne tout ce qu'on a.

Il est désormais le seul skieur américain à avoir remporté trois médailles olympiques, le plus grand skieur des États-Unis, déjà une légende.

Le jour du super-G, le ciel éclaire la pente de son bleu éclatant. L'Américain Andrew Weibrecht est le troisième coureur sur le parcours du super-G des Jeux Olympiques, et il affiche le meilleur temps en début de course. Huit coureurs plus tard, Bode creuse la barre de 0,03 seconde. Ils se retrouvent dans l'aire d'arrivée et plaisantent sur leur temps. Il reste trente-quatre coureurs. Ils pensent tous deux que seuls quatre ou cinq d'entre eux peuvent les sortir. Un seul finalement sera plus rapide que Bode : le Norvégien Svindal. Il ajoute l'or à l'argent qu'il avait gagné en descente. Bode remporte l'argent et Weibrecht le bronze. Cette performance étonne les Américains. L'équipe dit de Bode qu'il va mieux quand il a quelque chose à prouver.

La veille du combiné, Bode n'est pas en forme. Il se lève à 5 h 45 le jour J. « Il a été très malmené » déclare Ligety, en parlant de la mauvaise chute de son coéquipier en slalom la semaine dernière sur le terrain glacé. Il assure la descente, il termine septième, à 0,76 seconde derrière Svindal, la fusée de ces Jeux. Les coureurs découvrent ensuite le tracé excentrique d'Ante Kostelic. Le père de Janica et Ivica, est célèbre pour deux choses : élever des skieurs croates au sommet des courses mondiales et établir des tracés en slalom scandaleusement difficiles, ponctués d'obstacles, cassant le rythme. Avec l'ordre de départ inversé, Bode part vingt-troisième et Svindal dernier, soit cinquante-deuxième.

Bode s'élance avec sa technique mythique. Il semble avoir tout conservé de ses premiers slaloms, quand il excellait lors de ses débuts. Il est pleinement engagé, au sommet de son art. Le super-combiné de ces Jeux se rapproche de l'idéal d'une vraie course de ski. Bode prend une large avance dès le départ. La marge diminue vers la fin du tracé. Avec précision, agressivité et même une certaine prudence inhabituelle, il franchit la ligne d'arrivée en tête. Puis il regarde les autres concurrents s'élancer. Alex Svindal, le dernier à courir, le favori, sort du parcours.

Le 21 février 2010, Bode remporte la médaille d'or olympique en combiné, il devient ainsi le meilleur skieur polyvalent au monde. Deux spécialistes du slalom le suivent sur le podium : Ivica Kostelic et le Suisse Silvan Zurbriggen. Avec ses trois médailles en trois courses aux Jeux de Vancouver – et ses cinq médailles olympiques dans sa carrière – Bode figure parmi les plus grands skieurs de l'histoire.

— Je voulais gagner, j'en avais besoin. Ma façon de skier est quelque chose dont je serai fier pour le reste de ma vie, annonce-t-il.

Svindal est fasciné par la performance de Bode et ne manque pas de le déclarer publiquement. Ce résultat devient la plus grande performance du ski olympique américain.

Bode ne terminera pas le géant ni le slalom. Peu importe. Les coureurs alpins américains (hommes et femmes) remportent huit médailles, soit deux fois plus que l'Autriche et la Norvège. Les Autrichiens repartent sans médaille, pour la première fois depuis 1936.

— La prise de risque fut le fer de lance de l'équipe durant ces JO, déclare Bode. Je suis vraiment fier d'elle. Nous avons été agressifs.

Cette année, l'équipe a prêché pour une approche plus souple, avec un engagement presque mystique à l'effort, sans course au résultat. Rearick ne faisait pas partie du personnel de l'équipe américaine aux Jeux de Turin, mais il regardait les courses de loin.

— Cette équipe n'a pas réussi comme elle aurait dû.

À chaque fois que l'on demandait à Rearick ce qu'il attendait aux Jeux Olympiques de Vancouver, il souriait et disait :

— Je m'attends à un effort quotidien à 100 % de la part des coureurs et à ce que nous restions ensemble en tant qu'équipe. S'ils s'y tiennent, cela aura une grande valeur et surtout une grande puissance.

Ses skieurs ont vécu ensemble à Whistler pendant les Jeux, contrairement à 2006 lorsque les athlètes avaient été dispersés dans les hôtels, les maisons et les camping-cars. À Whistler, ils prenaient le petit-déjeuner et le dîner tous les jours ensemble. Avant la saison, Rearick avait embauché un cuisinier pour qu'il les accompagne durant toutes leurs courses.

— Bode voulait être poussé et mis au défi, confia Rearick. Il voulait être tenu responsable. On attendait de lui qu'il gagne cinq médailles à Turin. L'espoir était si fort que Bode s'en est éloigné. Son choix délibéré de ne pas communiquer sur Vancouver lui a permis de ne pas faire face aux attentes. Et les résultats ont été magiques.

Aujourd'hui, sa cheville, blessée lors du match de volley-ball en décembre, est encore très enflée. Elle le lance à chaque battement de cœur. Son corps est marqué, mais il a réussi à rendre justice à son talent, à ses saisons d'excellence, à son amour profond de la glisse. La blessure a résisté aux Jeux, mais elle est de nouveau douloureuse. Bode ne terminera pas le calendrier de la Coupe du Monde.

— Mon objectif au début de la saison était de me préparer pour les Jeux Olympiques et de gagner des courses en février. Je me suis concentré là-dessus et je l'ai fait. Si je n'avais pas été blessé, j'aurais certainement pris une autre décision concernant les finales de la Coupe du Monde, mais ce n'est pas le cas. J'ai l'impression d'avoir accompli tout ce que je voulais cette saison, c'est donc agréable de pouvoir me détendre.

Il réfléchit toujours à son avenir au-delà de la saison de ski 2010. Il est profondément heureux d'avoir retrouvé ce sentiment de vitesse. Sentiment, car il y a de l'amour et de la rage là-dedans, un engagement aux racines profondes, une émotion qui s'inscrit dans la mémoire et ne s'oublie plus. Il est des moments de grâce pour lesquels on est prêt à attendre toute une vie en dépit de leur fugacité.

18

La Streif

Kitzbühel, janvier 2011

La tension artérielle augmente en arrivant à Kitzbühel. La piste où se déroulent les compétitions, appelée la Streif, située sur les pentes du Hahnenkamm, est considérée comme la plus dangereuse et la plus excitante du monde. Tous les coureurs, peu importe leur robustesse, leur expérience ou leur technicité, la craignent. Les skieurs novices, souvent, n'ont jamais vu une pente aussi raide, des sauts aussi gigantesques, une ambiance aussi effrayante. Ils sentent leurs viscères noués ou en convulsion. La peur engendre l'exploit et l'héroïsme. Il y a une telle angoisse que, de toute façon, la situation devient inédite. Le corps se transforme entièrement, comme une chimie.

La piste de la Streif existe depuis plus de quatre-vingts ans, et pour certains athlètes, une victoire au Hahnenkamm possède plus de valeur qu'une médaille d'or olympique. Pour le ski pur et pour l'honneur des skieurs, le Hahnenkamm est, dit-on, le nirvana. C'est la course la plus célèbre de la Coupe du Monde. Elle attire chaque dernier week-end de janvier des dizaines de milliers de passionnés dans la petite bourgade autrichienne de Kitzbühel. Le flanc de la montagne se remplit généralement de 45 000 supporters. Parvenir au bas de la piste exige des nerfs d'acier, une condition physique hors norme et une technique finement travaillée.

La Streif démarre à 1665 m d'altitude et finit à 805 m. Les coureurs atteignent 160 km/h dans les sections les plus rapides et dévalent des pentes pouvant atteindre 85 %, en s'efforçant de garder leur équilibre et de conserver une vitesse maximale sur plus de 3 kilomètres.

En arrivant au sommet de la montagne, tous les skieurs sont préparés. C'est souvent l'élan qui fera la différence. C'est une course presque mystique. Avant chaque départ, ils rassemblent leurs forces et font le plein de courage. Ils font appel à une certaine foi : la foi dans leur athlétisme, leur acuité mentale et la sage expérience qu'ils ont acquise au fil des saisons. Au sommet, ils prient Dieu, ou font simplement confiance aux dieux qu'ils sont.

La course comporte six sections déterminantes. Le départ, pour commencer, dans l'intérieur de la cabane en cèdre, reste terrifiant. Didier Cuche fut pris il y a quelques années d'une véritable crise d'angoisse quand il se présenta pour la première fois au sommet. Il disait qu'il ne voulait pas mourir. Son entraîneur l'incita à continuer et dut le raisonner assez brutalement. De nombreux athlètes affirment que la cabine de départ développe leur claustrophobie. Les coureurs se préparent dans une frénésie psychologique. Ensuite, rester debout derrière le portillon coupe toute respiration. Le silence se fait plus intense à mesure que monte l'asphyxie. Quelques minutes tendues vers l'abîme. Sur ce vide au-dessus duquel on aime tant se pencher, se faire peur. Les meilleurs athlètes sont capables de monter en intensité et de se mettre en colère contre la pente avant de quitter la cabane. Bode connaît la peur également, même après plusieurs saisons en Coupe du Monde.

— Il y a une grande différence entre le danger et la peur. Le danger est réel, il peut entraîner des blessures ou la mort. La peur est une décision, c'est une réaction qui peut être contrôlée. Je ne suis pas à l'abri de la peur, mais j'ai compris comment la dominer. Vous pouvez surmonter la peur avec la colère, mais c'est plus difficile à contrôler. Vous pouvez surtout la contrôler par l'inspiration.

L'armure est dans la tête. Il a des centaines de scénarios mentaux. Il imagine qu'il sauve une personne d'un immeuble en flammes, ou il se rappelle sa première sensation dans les vagues, tout jeune, avec son père. Cette capacité d'imagination reste pour lui la clé de ses succès.

— Tout le monde fait face à la peur à un moment de sa vie, mais si vous vous mettez dans le meilleur état d'esprit pour accomplir ce que vous devez accomplir, vous y arriverez.

Une fois lancés et la tension canalisée, les skieurs atteignent rapidement le premier saut dans la Mausefalle, le « piège à souris », la partie la plus raide de la course. C'est un grand et long saut dans le noir, ce qui signifie que celui qui y fait face ne voit pas l'aire d'atterrissage au début. En fonction du vent, les athlètes peuvent voler quatre-vingts mètres sur cette portion.

— La Mausefalle est un bloc mental, explique l'Américain Marco Sullivan. Cela donne le ton à toute la course. En moins de quatre secondes, vous êtes transporté, vous devez vous détourner de votre esprit et retourner aux instincts primaires.

Une fois que le coureur a atterri en toute sécurité, il enchaîne trois à quatre virages, avant la plongée dans un long virage à droite appelé le Steilhang, l'arc le plus impitoyable de la moitié supérieure de la course. La seule façon de survivre à ce virage énorme et rapide est de se concentrer sur la technique. Les skieurs sont secoués par les aspérités du terrain. Il faut impérativement tenir ses skis pour rester dans la trajectoire idéale. Bode skia si bas sur la pente en 2008 qu'il fut déporté sur les bâches de sécurité, le long de la piste. Il conserva son équilibre en surfant sur le panneau d'affichage géant. Il termina deuxième. C'est aujourd'hui l'une des performances les plus célébrées de son palmarès ! Après le Steilhang, il y a une série de virages et de schuss, donnant aux coureurs le sentiment dangereux qu'ils ont réussi à traverser le pire. C'est une erreur. Un peu après la marque des 90 secondes se profile le saut du Hausberg et le virage stratégiquement vital en dessous. Le saut du Hausberg est aveugle. Et le virage du Hausberg prépare à la prochaine longue traversée. Les choses sérieuses continuent.

Les coureurs atteignent ensuite le Zielschuss, ou « schuss final ». Ici, les skieurs sont unanimes : « Il faut revenir à la survie, parce que le Zielschuss va faire vibrer la cervelle ». D'un point de vue académique, le Zielschuss paraît simple : un schuss de cinq secondes. Si la sortie du virage du Hausberg est assez haute sur le parcours au-dessus du Zielschuss, il suffit de pointer les skis directement vers la porte suivante, qui se trouve à quelques centaines de mètres de l'arrivée. Mais la traversée a été rendue cahoteuse par les organisateurs, qui utilisent des machines spéciales pour ajouter des variations de terrain, dont les impacts sont amplifiés par la vitesse. Pousser contre soi-même, se faire user par le temps, s'user jusqu'au fond en un temps donné, c'est le plus vif plaisir du monde pour ces coureurs du risque. La plupart des spectateurs attendent en bas du Zielsprung, le dernier saut de trente mètres. Les skieurs sont épuisés et utilisent la même technique de saut que sur la Mausefalle. L'objectif est de conserver le corps compact pour garder le meilleur aérodynamisme. Ce saut a été construit pour augmenter le spectacle et l'atterrissage n'est pas aisé. La trajectoire doit rester maîtrisée pour ne pas se faire déporter sur les côtés de la piste.

En ce début 2011, un grave accident survient lors de l'entraînement de la descente. Il a lieu précisément dans la Mausefalle. L'Autrichien Hans Grugger aborde le saut avec une mauvaise trajectoire et tombe dans de très mauvaises conditions. Il reste sur le sol, inconscient. La chute lui cause un grave traumatisme thoracique et une forte congestion cérébrale qui lui fait perdre connaissance. Des secouristes tentent de lui apporter les premiers soins avant qu'il ne soit héliporté au bout d'une demi-heure vers l'hôpital. L'après-midi, Grugger subit une longue intervention chirurgicale. Elle se déroule bien. Il va rester dans un coma artificiel pour les trois, quatre prochains jours. Il s'en sortira. Grugger était le cinquième coureur sur le parcours. Selon Didier Cuche, vainqueur de la descente l'année précédente, Grugger a manqué sa trajectoire et n'a pas pu s'adapter.

— Le problème est que vous avez plusieurs bosses dans les deux premiers virages, déclare-t-il après avoir réalisé le meilleur temps de l'entraînement. Si vous ne réussissez pas à garder votre ligne, cela peut vous causer de sérieux problèmes.

Le coéquipier de Grugger, Michael Walchhofer, le leader de la Coupe du Monde de descente, est en état de choc après l'accident.

— J'ai vu le crash, c'était terrible. Alors bien sûr, tout est remis en cause au départ. Vous commencez à penser : dois-je subir cela ? Mais vous devez mettre ces idées de côté pour continuer.

— Il y a des télévisions là-haut et on a pu le voir. Mais même si on ne l'avait pas vu, on a senti que l'atmosphère avait changé. Personne n'aime cela, raconte Svindal, triple médaillé olympique.

Grugger est le troisième coureur à se blesser grièvement sur le tracé de la Streif au cours des quatre dernières années. En 2008, l'Américain Scott Macartney fut victime d'un accident similaire. En 2009, le Suisse Daniel Albrecht avait de même perdu le contrôle à l'entraînement sur le saut final. Il avait été placé en coma artificiel pendant trois semaines. À son réveil, il avait dû réapprendre à parler et à marcher. Ces deux coureurs sont ensuite retournés à la compétition, en Coupe du Monde. La carrière de Grugger, âgé de vingt-neuf ans, a été entachée de blessures au genou, ce qui l'a tenu à l'écart plusieurs fois au cours des dernières saisons. Il a remporté quatre victoires en Coupe du Monde, deux en descente et deux en super-G. À la suite de cette terrible chute, le milieu discute à nouveau des moyens pour prévenir de tels accidents tragiques dans le futur. Les clavicules sont cassées. Les épaules brisées. Les poumons perforés. On affronte les hémorragies internes. Il n'est plus surprenant que l'instance dirigeante internationale de ski ait approuvé l'utilisation d'un airbag. Ce nouveau dispositif de sécurité est en développement depuis près de quatre ans. De nombreux coureurs ont exprimé leur réticence envers la nouvelle technologie. Cuche croit qu'une partie de ce sport consiste à « évaluer correctement son propre niveau et la prise de risque ». Beaucoup de skieurs tentent d'oublier le danger, sinon, « ce n'est pas la peine d'y aller ».

Didier Cuche fait partie des grands favoris de la descente qui aura lieu ces prochains jours. Il a déjà gagné cette course trois fois, en 1998, 2008, 2010. Il l'affectionne particulièrement. Bode Miller est de retour pour une nouvelle saison de Coupe du Monde, et contrairement à l'an passé, il a derrière lui un été complet d'entraînement. Il n'a pas encore gagné de compétition cette saison. Il est l'un des skieurs américains les plus titrés de l'histoire, mais il lui manque l'illustre descente du Hahnenkamm à Kitzbühel, la course la plus audacieuse de toutes. Bien qu'il affirme avoir réalisé tout ce qu'il voulait dans le ski, ce titre pourrait couronner sa carrière.

— Pour tout coureur, Kitzbühel est à peu près le summum, déclare-t-il lors d'une interview à la chaîne de télévision autrichienne.

— Le désir est profond, confirme Mike Kenney, l'oncle de Bode. Je sais combien une bonne performance ici reste importante pour lui.

Ce 22 janvier 2011, au départ de la Streif, la tension est de nouveau lourde. Avant une course, les coureurs peuvent être choyés. Les entraîneurs et les techniciens de ski traitent les coureurs comme des pur-sang, ils semblent tous désireux de mettre la main sur l'athlète, de participer de quelque façon aux frissons que le champion éprouve. Le technicien ajuste la sangle du masque. L'entraîneur masse les cuisses larges et dures, lui tape dans le dos et pétrit ses bras. Frotter leurs sportifs semble apaiser les entraîneurs. Bode soulève ses skis de la neige et le technicien essuie la semelle. Il secoue ses mains, tord son cou, tape ses skis, bam bam bam. Dans cette cabine, Bode Miller aime toujours les respirations profondes pour se calmer, Didier Cuche est un vrai combattant, comme l'était Hermann Maier, hurlant tous deux leur agressivité. D'autres comme Alberto Tomba racontaient des blagues à l'officiel du départ. Celui-ci indique qu'il est temps de planter ses bâtons derrière le portillon et d'approcher ses skis sur le bord du départ pentu. Il tire la baguette. Quelle étrange sensation de voir ses skis posés sur le monticule de neige avec la moitié qui flotte dans le vide.

— *Go Bode! Go!*

Tous ses muscles, ses sentiments, sa rage, sa mélancolie de ces dernières années s'engouffrent dans cette pente oppressante, le sculptant démon de l'effort. Bode ravit la foule grâce à une excellente course, ce qui lui permet de prendre les devants avec 0,66 seconde, dépassant l'Italien Werner Heel. Il a prouvé son engagement total dans la manière dont il s'est lancé dans la course. Il était dossard 11. Didier Cuche, avec le dossard 18, s'élance comme un lion, avalant le terrain dans une descente fulgurante. Le Suisse remporte la course avec une avance de 0,98 seconde. Il s'impose pour la quatrième fois sur la Streif. Cuche a presque perdu son bâton au départ, ce qui l'a déstabilisé durant le premier virage, mais il s'est rapidement rétabli, en imposant des lignes assez directes. Il était parfait sur la partie basse. Il remporte ici sa première victoire de la saison et la quinzième place dans ce qui pourrait être sa dernière saison sur le circuit.

Bode termine deuxième. Il reste satisfait de sa performance et fait l'éloge de Cuche.

— J'ai vraiment bien skié aujourd'hui, mais il est impossible de battre Cuche quand il skie de cette façon. Il a pris une quantité incroyable de risques. Il prend des décisions précises et réussit à les exécuter parfaitement. Pour ma part, j'étais heureux, j'ai skié, j'ai fait tout ce qu'il fallait pour gagner. Je n'ai pas pris un maximum de risques, mais c'était calculé. Je n'ai pas commis d'erreur. C'est une bonne deuxième place.

Le Français Adrien Théaux a surpris les supporters autrichiens en terminant troisième et en battant l'un des favoris, Mario Schreiber. Il s'offre son deuxième podium en Coupe du Monde et devient également le premier Français depuis Nicolas Burtin et Jean-Luc Crétieren 1998 à décrocher l'une des trois premières places lors d'une descente à Kitzbühel.

Quelques jours après cette étape, l'équipe américaine annonce la fin de saison de Bode. Pour la troisième année consécutive, il écourte le circuit, soulevant les questions habituelles sur son éventuelle retraite. Il choisit de manquer les derniers événements pour passer du temps avec sa fille à San Diego.

— Le ski, dit-il, reste un outil d'apprentissage dans mon développement en tant qu'être humain. Les leçons que j'ai apprises m'ont aidé à devenir une meilleure personne, un homme responsable.

Bode n'a pas gagné cette saison, mais il compte trois podiums. (Munich, Kitzbühel, Hinterstoder). Son cœur s'est pour la première fois recroquevillé à l'intérieur de ses propres limites, ses muscles se sont comprimés au passage de son courage inflexible. Il se retire de la compétition. Sa liberté a toujours été de s'accorder avec son désir.

19

Bonheurs et malheurs

Californie, 2011-2013

De retour pour la saison 2011-2012, Bode l'entame en terminant neuvième du géant de Sölden. Il remporte ensuite la trente-troisième victoire de sa carrière lors de la descente de Beaver Creek, sur la fameuse Birds of Prey qu'il affectionne tant. Il réussit à terminer deuxième du super-G de Val Gardena, troisième du super-combiné à Wengen et deuxième de la descente à Chamonix, à un centième de seconde derrière Klaus Kroll. Il figure parmi les meilleurs skieurs du circuit.

En février, il se blesse à Sotchi, le genou est touché. Il continue de courir malgré tout. Quelques jours plus tard, à Bankso, en Bulgarie, il tombe lors de la première manche du géant et ressent une terrible douleur au même endroit. À la fin du mois de février, l'équipe annonce une nouvelle fois qu'il manquera le reste de la saison en raison d'un genou gauche gênant malgré une récente chirurgie arthroscopique. Il ne parvient pas à récupérer l'amplitude de mouvement dont il a besoin pour être compétitif. Il sera de nouveau opéré, mais il déclare dans un communiqué qu'il prévoit de courir la saison prochaine.

— J'adore faire du ski de compétition et j'aime être actif, alors j'envisage un bon rétablissement avant de revenir à l'entraînement le plus rapidement possible. Je m'amuse toujours, et tant que le ski est agréable, je vais continuer.

Rearick ajoute que Bode skie techniquement et tactiquement mieux qu'auparavant.

— Sa victoire à Beaver Creek était fantastique. C'était incroyable de le voir de nouveau sur la plus haute marche du podium en descente, et je sais que c'était puissant pour lui. Bode était extrêmement motivé pour continuer la saison, mais son corps ne le lui a pas permis. Selon moi, Bode prend une sage décision pour envisager la suite.

— Ce fut une bonne saison pour moi, souligne ce dernier. Gagner de nouveau à Beaver Creek était vraiment spécial, et c'était intéressant d'avoir vu Sotchi. La montagne est incroyable, elle est aussi belle que tous les autres domaines où nous allons. Je pense que ce seront de formidables Jeux Olympiques.

Bode se préserve cette fois-ci, il prend soin de sa douleur, ce qu'il n'a pas fait lors de sa blessure en 2001 à Sankt Anton. Son but est de revenir en pleine puissance aux Jeux Olympiques de 2014 en Russie. Ses chances de guérison augmenteront s'il respecte ses mois de convalescence.

En mai 2012, il tombe sur une photo de Morgan Beck, joueuse professionnelle de beach-volley, dans les bureaux de son agent sportif. Il se rend à un match de volley en Floride pour la rencontrer. À la fin du tournoi qu'elle remporte, Bode la regarde pleurer. Dans cette effusion d'émotions brutes, il voit tout ce qu'il désire chez une femme.

— Elle essayait d'être virile, de cacher ses larmes, je l'ai vu. Dans le sport, on perçoit la réelle personnalité de chacun, même chez une personne comme Morgan, qui a une carapace plus épaisse que tous ceux que j'ai pu rencontrer.

Le sport permet de sonder l'opacité de nos corps. À ce moment clé du match, il sait qu'elle est son âme sœur. La foudre tombe.

Désormais, depuis les gradins, il assiste à tous les matchs de Morgan. Il s'inquiète à voix haute, signale ses erreurs, transmet des idées tactiques en milieu de match et échange sur les techniques employées avec les joueurs et leurs entraîneurs. Il lui arrive d'interrompre des entraînements en voulant expliquer comment travailler de manière plus performante. Il a le don de saisir les impulsions invisibles d'un jeu, grâce à une intuition précise des mouvements et son excellente observation. Il est aujourd'hui un joueur de tennis hors pair et un bon golfeur. Bode a l'habitude de s'entraîner de manière intensive.

— Je connais le sport. Je sais que rien ne se passe du jour au lendemain. Si je donne un conseil, j'espère qu'elle pourra y réfléchir plus tard.

Pour Bode, les émotions de Morgan sont sa plus grande force. Bode est plus analytique, serein. Morgan dit qu'avec Bode, « aucune conversation ne reste à la surface. Chaque jour s'apparente à une séance de thérapie. Je peux parler de tout avec lui, il ne fait pas que répondre. Il creuse toujours le sujet. »

Le début de leur histoire n'a pas manqué de complexité. Morgan ne souhaitait pas entamer une relation. Sa mère disait que Bode était « un play-boy sur des skis ». Sa réputation n'enchantait guère la jeune volleyeuse. Bode était si amoureux qu'il a tout fait pour la conquérir. Elle succombe rapidement à son charme irrésistible, séduite par son honnêteté et sa respectable droiture.

Trois semaines après sa rencontre avec Morgan, il découvre qu'il va être papa pour une deuxième fois. Il a connu la mère de l'enfant, Sara McKenna, peu de temps avant Morgan, par le biais d'un site de rencontre. Il l'a fréquentée quelques jours seulement. Il n'imaginait pas que Morgan accepterait la situation en le soutenant. Elle prend les choses en main, elle appelle cette femme et la rassure sur le fait qu'il sera présent pour l'enfant. Mais McKenna fournit aux journalistes, quelques semaines plus tard, des sms censés prouver le désintérêt et l'éloignement de Bode. Elle prétend qu'il voulait qu'elle avorte, qu'elle a failli mourir d'angoisse et que Morgan l'a harcelée sur twitter cachée derrière un pseudo. Bode et Morgan nient ces accusations. À l'automne 2012, ils se marient sur le yacht de Bode à San Diego, dans la plus parfaite intimité. En janvier 2013, neuf mois après leur rencontre, Morgan perd l'enfant qu'elle portait. En février, le petit Samuel-Bode Miller-McKenna, nommé ainsi par sa mère, voit le jour. S'ensuit une sévère bataille pour la garde de l'enfant. Bode nomme l'enfant Nathaniel, Nate. Tout est sujet à discorde.

En avril 2013, Bode apprend la mort de son frère, Chelone, à Mammoth Lakes, en Californie, à l'intérieur de la camionnette où il vivait. Le jeune homme, membre de l'équipe olympique américaine de snowboard, n'a pu être ranimé lorsque les secours ont découvert son corps sans vie. En 2005, un grave accident de moto-cross l'avait plongé dans le coma durant onze jours et lui avait fait perdre la mémoire durant un mois. Depuis, Chilly était sujet à de fréquentes crises d'épilepsie. Il était réputé pour son optimisme, son naturel et sa gentillesse, il était un excellent snowboarder et espérait participer aux Jeux de Sotchi avec Bode.

Secoué par ces drames familiaux, Bode n'est pas réapparu sur les pistes depuis février 2012. Certains s'en étonnent, mais pensent que son absence prolongée est due aux bouleversements récents dans sa vie privée. Personne ne sait jamais vraiment avec lui. Les coureurs et les organisateurs de la Coupe du Monde espèrent qu'il reviendra. Bode manque au Cirque Blanc. « S'il ne revient pas, ce sera une perte énorme pour le ski de compétition » annoncent les médias.

— Comme dans tous les sports, lorsque vous perdez votre étoile à cause d'une blessure ou pour des raisons personnelles, cela a un impact certain sur le sport, déclare Sasha Rearick.

Il insiste sur le fait qu'il a besoin de Bode.

— Il a des fans partout dans le monde. Bode est spectaculaire à regarder. L'énergie qu'il apporte au sport est fantastique. La Coupe du Monde sans Bode ne sera pas aussi excitante.

Seul Bode sait s'il reviendra. Jusqu'à ce qu'il partage ses ambitions, la spéculation continuera. Il décide de ne pas précipiter son retour sur les pentes. Il est heureux de compter Morgan parmi ses soutiens. Ils vivent tous les deux à bord du yacht. Ils vont déménager en Californie à Coto de Caza, là où vit la famille de Morgan.

— C'est un équilibre plus sain, elle est ma source d'inspiration.

Ses coéquipiers notent un changement chez Bode.

— Le mariage a été formidable pour lui, confie Rearick. Il est plus stable. Son épouse est une athlète professionnelle et ensemble ils forment une bonne équipe.

Les médias ont tenté d'approcher son père pour avoir des explications.

— Ce que les gens ne savent pas à propos de Bode, c'est que rien ne compte plus que ses proches. Les journalistes ne montrent pas sa vraie personnalité.

Il préfère aujourd'hui manquer toute la saison 2013 pour assurer une participation à ses cinquièmes Jeux Olympiques en 2014. Il sent qu'il aura l'énergie de son frère avec lui, que l'esprit de Chilly sera là à Sotchi. Il compte canaliser dans la compétition toutes les dernières émotions vécues. Il souhaite transcender les difficultés. Il a la course dans le sang. Le virus de la vitesse est résistant.

20

Jeux Olympiques de Sotchi

Février 2014

Bode passe son été 2013 à skier au Chili. Son année sabbatique lui a permis de recharger ses batteries. Son genou est désormais « structurellement parfait » et relativement indolore. Il est à la recherche d'une performance athlétique définitive. Il l'annonce dès les premières conférences de presse.

— Arrêter de faire quelque chose que j'adore par-dessus tout, dans ces circonstances, aurait été complètement fou.

Lors de sa première course à Sölden, Ligety remporte le géant. Bode termine dix-neuvième.

— Ce n'était pas mon meilleur ski, tweete-t-il quelques jours plus tard. Mais heureux d'être de retour.

C'est un début respectable, cependant, et l'équipe a confiance. Il n'y a aucune raison pour que Bode ne puisse pas être compétitif toute la saison. Il a perdu 9 kg par rapport à son poids habituel de 95 kg et dit qu'il se sent plus léger et plus souple que jamais.

Durant la saison, Bode termine deuxième au géant de Beaver Creek, juste derrière son coéquipier Ted Ligety. Il espérait remporter sa première descente à Kitzbühel, mais il fait une erreur significative au milieu de la piste et termine finalement troisième. Le lendemain, il finit deuxième derrière Didier Defago en super-G, toujours à Kitzbühel. Il retrouve le corps que l'on a toujours connu, celui qui sait le geste sans l'esquisser, celui qui garde en mémoire toutes les sensations par lesquelles il doit passer pour trouver la trajectoire victorieuse.

Lors d'une conférence de presse, peu de jours avant les Jeux Olympiques de Sotchi, on lui demande si la perte de kilos nuira à sa vitesse en descente.

— C'est une équation, répond-il. Vous ne pouvez pas dire que la masse aide, car elle a à voir avec la friction et la résistance de l'air. Nous n'évoluons pas en ligne droite. Si nous étions seulement en train de faire du ski de vitesse, le fait d'être plus lourd aiderait définitivement. Mais l'on change constamment de direction, et je pense qu'à Sotchi, la forme physique sera un élément important.

Quand on lui parle des raisons qui le poussent à continuer, il s'enthousiasme.

— C'est un sport incroyable. C'est ce que j'aime faire. C'est un outil d'apprentissage dans mon développement personnel. C'est aussi mon gagne-pain. C'est surtout de cette façon que je communique avec le reste du monde. Cela fait partie de mon mode d'expression.

Cette conférence de presse met en lumière sa personnalité atypique : passionnée, imprévisible, électrisante. C'est comme s'il revivait une seconde enfance, redécouvrait son poids, et tout porte à croire qu'il est revenu parmi les hommes, voire qu'il est même un deuxième Bode. Plus fort encore que le premier.

Le bruit de sa résurrection commence à se répandre. On veut alors voir de ses propres yeux, apprécier le souffle de son passage, lui crier combien il a manqué. Il travaille cette saison avec un nouveau technicien de ski, Chris Kraus, qui était auparavant le partenaire de Didier Cuche. Bode s'adapte également à de nouvelles chaussures, ainsi qu'aux nouvelles normes mises en place par la Fédération Internationale de Ski, la saison dernière.

La FIS a décidé dès l'hiver 2012-13 de modifier la taille et le radius (rayon de courbe) des skis de vitesse et de géant et la hauteur de l'interface skis, plaques et fixations. En géant, les hommes sont passés d'un radius de 27 à 35 mètres. Relever le rayon signifie redresser la forme du sablier. L'argument de la FIS était de renforcer la sécurité des skieurs. A priori, cette règle devrait perdurer jusqu'en 2018. Les fabricants de skis ont su s'adapter. Les différences se font dans la conception, notamment sur les matériaux sélectionnés et leur positionnement dans le ski. La longueur du ski en géant devra mesurer 195 cm minimum (au lieu de 185 cm). Il est notoire que ce type de skis (radius 35 m) est plus exigeant, plus épuisant et par conséquent plus traumatisant. Ces skis tournent difficilement et requièrent une solide puissance physique.

Les coureurs ont exprimé leur indignation face aux nouvelles normes. Les dirigeants de la plupart des marques de ski se sont greffés à ces plaintes. Personne ne fut aussi intransigeant que Ted Ligety, qui a qualifié la FIS de « dictature » et a publié un manifeste en ligne passionné contre la réglementation des équipements FIS en général et plus spécialement contre les nouvelles restrictions en géant. La FIS est restée de marbre face à ces protestations. Bode a su s'adapter. Certains de ses opposants le considèrent comme un « has been ». Pourtant, en tenant compte de ce qu'il a affronté – l'âge, les blessures, le nouvel équipement, sa longue absence en compétition – ses résultats en début de saison restent prometteurs. Bode est prêt. Il se concentre sur son ski.

Sotchi ne fait pas partie des choix conventionnels. La ville a été choisie pour accélérer le développement des sports d'hiver en Russie et accroître l'intérêt pour ces disciplines au-delà des puissances habituelles. Il fallait éviter les domaines locaux, en Europe notamment. La descente olympique est située dans la station de Rosa Khutor, dont la création a été décidée en 2003. Elle fait partie de l'un des domaines développés autour de Krasnaïa Poliana, elle-même reliée à Sotchi par une route et une voie ferrée.

Le télésiège qui mène au sommet de la piste donne également accès à une zone de freeride abrupte et enneigée, qui a longtemps fait le succès de Krasnaïa Poliana. Là-haut, la vue s'étend jusqu'à la mer Noire. Du départ, tout le tracé de la descente reste visible, même l'aire d'arrivée, malgré les 1 100 m de dénivelé. Cette piste de Sotchi est techniquement difficile, avec de grands virages qui jouent avec l'ombre, de gros sauts et des sections plates où les coureurs doivent maintenir leur vitesse. Physiquement, c'est exigeant. Davantage de virages signifient une force plus vive pour les athlètes.

La piste débute avec The Toboggan. Il s'agit d'un départ très raide qui oriente le coureur vers un ravin abrupt, dans une compression et un grand virage. Ensuite, le skieur atteint la Vallée d'Accola, où se trouve la pente maximale, qui donne sur une portion un peu plus plate appelée Babya Yama. Cette partie doit permettre aux athlètes de ralentir, en traversant la montagne. Dans The Estonian Tube, le coureur se dirige vers un autre ravin, une chute assez raide où il faudra du cœur pour prendre de la vitesse et du courage. Arrivé au Small Pan, le coureur dessine de longs virages, à travers un terrain plus ouvert, qui favoriseront les glisseurs. Le Russian Trampoline sera le premier vrai saut, il se situe au sommet d'un terrain escarpé. La partie très large qui suit, dite Big Pan, pourrait sembler facile mais elle comprend de nombreux mouvements de terrain, avec un enchaînement de courbes typées super-G. Le Bear's Brow est ensuite un beau passage dans les bois, où les skis devront rester à plat. Quand le coureur atteint cette étape, il est souvent épuisé. Il doit rester concentré sur cette partie de glisse pure. Ensuite, le tracé plonge vers le Lake Jump, un immense saut, qui donne l'impression au skieur de sauter dans le lac. Certains se sont plaints de la hauteur de ce saut. Puis le Deer Jump clôt la course, un saut plus classique.

Le tracé a été conçu par Bernhard Russi, mais les officiels de la course sont inquiets. De nombreux sites n'ont pas été réellement testés intensivement. Les pistes de descente masculine et féminine ont accueilli une seule grande course, il y a deux ans. Une des skieuses américaines, Laurenne Ross, a déclaré qu'elle se sentait comme un cobaye. Du côté des hommes, seuls vingt des quarante-cinq meilleurs coureurs ont réussi à négocier toutes les portes le jour de l'entraînement. Beaucoup couraient à des vitesses qui les ont propulsés hors de leur trajectoire. Le Slovène Perko, le premier coureur de la dernière descente d'entraînement masculine, chute lourdement. Il se relève avec le nez ensanglanté. Le deuxième coureur, l'Américain Sullivan, perd le contrôle sur une section plus plate après le saut de Bear's Brow. Il parvient à se redresser habilement et évite de justesse les filets de sécurité. Les dix coureurs suivants ne terminent pas, et quatre autres ont dû s'arrêter. Le tracé est périlleux et glacé. En observant les coureurs devant lui, Bode prend le départ avec ce désir de se préserver. Mais, atteignant rapidement les 140 km/h, il comprend qu'il s'amuse trop pour réduire son ambition. Il glisse parfaitement sur les plats, survole les sauts. Là où d'autres ont subi le tracé, freiné sur certaines portions, Bode se jette dans la pente, mains vers l'avant pour accélérer le rythme. Il est le plus rapide. Son sourire en fin de course en dit long sur sa confiance.

— J'aurais été en colère contre moi si j'avais perdu une occasion de m'amuser sur cette piste. Je ne pense pas que les autres aient été plus prudents en choisissant de ralentir. Ils auraient pu se blesser. C'est tellement rapide et la neige est si dure, il faut être agressif avec ce type de conditions. Si vous ne dominez pas le tracé, il peut vous tuer.

Il fait référence à Sullivan qui a glissé vers les filets de sécurité. Bode ne plaisante pas.

— Ce tracé a des pièges partout. Si la course ne se passe pas comme on le souhaite, on peut terminer dans la forêt.

Svindal termine deuxième.

— Cette piste est difficile non seulement avec son mélange de vitesse et de bosses, mais aussi à cause de la brusquerie des sauts. On ne peut pas être à l'aise. Il faut être agressif, puis intelligent, puis agressif, puis intelligent. Comme ça durant deux minutes.

Svindal sourit.

— Ce devrait être une belle course à suivre. Je dois dire que Bode m'impressionne depuis jeudi. Il est clairement une menace.

Bode commence ces Jeux Olympiques en remportant deux séances d'entraînement sur trois avant la descente. Il a créé un écart impressionnant, presque 66 centièmes d'avance sur ses concurrents.

Le 8 février 2014, le jour de la descente olympique, Bode domine la pente. Il prend les devants durant le premier tiers de la course. Personne n'aborde l'exigeant tracé comme il le fait, il défie les virages glacés de manière osée, exploitant toute son expérience. Il prend des angles parfaits, conservant un bon contact ski-neige. Il a des bombes sous les pieds. Il avale les mouvements du terrain. Il part pourtant avec un désavantage. Le départ de la course se fait sous les nuages, ce qui a jeté une lumière plate et sombre sur la neige. Il réussit à rester rapide dans les grandes pentes et aborde les sauts avec plus de douceur. Les tactiques de Bode à l'entraînement avaient été plus payantes que celles des autres. L'objectif reste de ne pas s'éloigner d'une stratégie qui avait fonctionné toute la semaine.

Tout se déroule parfaitement durant la première partie de course. Puis vient l'occasion risquée. Bode tente de gagner un millième de secondes, en claquant une porte de son épaule. Il opte pour la trajectoire la plus courte. Ce jour-là, dans ce tracé, cette option le ralentit et l'espoir de médaille s'envole dans la partie finale. Juste après avoir franchi la ligne d'arrivée, il regarde le tableau des temps et semble étonné que son nom n'apparaisse pas au sommet. Seul, il se penche en arrière, assis au-dessus de ses skis durant plusieurs secondes. On l'interroge sur la somme de ses pensées et il répond seulement :

— Ça va être dur à avaler.

Le grand gagnant se nomme Matthias Mayer, suivi de Christof Innerhofer et Kjetil Jansruf. Aksel Lund Svindal ne pouvait que jeter la tête en arrière de dépit en restant au pied du podium, pour 19 centièmes, lui qui reste le champion du monde et maître de la discipline cette saison. À vingt-trois ans, Matthias Mayer surpasse son père Helmut, médaillé d'argent de super-G aux JO de Calgary en 1988.

Bode termine huitième. Il ne parvient pas à considérer son option fatale comme une faute. Pourtant, dans les intervalles chronométrés au moment de la porte en question, il est passé de 31 centièmes en tête à 2 centièmes derrière Mayer. Comme l'erreur tactique continuait à le ralentir, il a ensuite chuté de 51 centièmes. Sa chasse à l'or fut précisément terminée à ce moment-là. Rearick analyse la situation.

— Bode le voulait, il l'a voulu trop. Nous ne voulions pas faire d'erreur, mais son ski n'a pas été aussi clair qu'en haut.

— J'aurais aimé gagner, déclare Bode, lui qui, pendant des années, a insisté sur le fait que ses résultats ne comptaient pas face à la pureté d'un effort.

Il n'est pas du genre à trouver des excuses, mais il indique toutefois que le manque de visibilité a rendu son attaque plus ardue.

— C'est une petite chose, mais le ski est une affaire de petites choses.

Cela fait cinq ans qu'il n'a pas gagné par faible luminosité, comme ce fut le cas aujourd'hui.

— Je devais subir une opération des yeux cette année, mais nous n'avons jamais trouvé le moment pour le faire, comme le calendrier des courses est très serré.

Selon lui, sa vue reste critique.

— Quand la luminosité est parfaite, je peux skier au niveau des meilleurs mondiaux, mais quand elle baisse, mon style particulier souffre bien plus que les gars plus stables.

Ce qu'on sait et ce qu'on apprend, c'est qu'on ne peut pas tout maîtriser. Mais on sait aussi qu'adviendra le moment où, à force de maîtrise, on est contraint à l'abandon suprême. C'est de cette manière qu'on parvient à la victoire. Le sentiment que donne toujours un grand artiste, c'est que les choses lui sont aisées. Alors que nous savons que c'est horriblement difficile. Il y a une telle maîtrise du corps, que justement, les jambes peuvent s'abandonner à quelque chose qui se défait de lui. Ce sentiment qu'il y a autre chose qui prend la place du corps et qui semble défier les lois de la pesanteur.

Bode souhaite se concentrer sur ses prochaines occasions de médailles dans cette pente qui lui convient parfaitement. Les conditions printanières, qui rendent le revêtement neigeux plus mou, ne permettront pas aux spécialistes de vitesse de creuser l'écart dans l'épreuve du combiné, comme ils auraient pu le faire sur une piste très glacée. Bode commet trop d'erreurs dans ses manches. Il perd en fluidité et termine sixième au classement général. Il le regrette terriblement. La course, qui a débuté une heure plus tôt dans le but d'échapper à la hausse de températures de la mi-journée, a été disputée sur une neige creusée. Les coureurs avec les numéros de dossard plus élevés dans la descente ont rencontré davantage de difficultés.

Il reste encore quelques chances à Bode. Le sommet du parcours du super-G comporte cinq virages serrés, difficiles, tourmentant de nombreux coureurs. Christof Innerhofer, qui a remporté deux médailles à ces Jeux, est tombé en essayant de négocier le deuxième virage. C'est Weibrecht qui attaque la première section avec une audace supérieure. Il aborde le tracé comme s'il n'avait plus rien à perdre. Il remporte la médaille d'argent, terminant à seulement trois dixièmes de seconde derrière le vainqueur, Kjetil Jansrud. Ce Norvégien continue sa visite des podiums olympiques, dont il aura connu toutes les marches: l'argent en géant aux JO de Vancouver en 2010, le bronze en descente ici même, et l'or enfin, au terme d'un super-G parfaitement maîtrisé. Bode et le Canadien Jan Hudec terminent dans le même souffle (à cinquante-trois centièmes) pour se partager la médaille de bronze. À trente-six ans, Miller détrône Kjetil André Aamodt en tant que médaillé olympique de ski alpin le plus âgé.

— Cela me rend vieux! plaisante Bode. J'ai fait des erreurs et j'ai trouvé le terrain vraiment difficile. J'ai essayé d'envoyer sur les premiers virages mais c'était très pentu.

Quant à Jan Hudec, il se réjouit également

— Je suis content d'avoir remporté la médaille de bronze, content de figurer sur ce podium avec des gars qui skient incroyablement bien. Du moment que Bode me donne la moitié du bronze, cela me va.

De Bode, on vit la force et l'allégresse, l'art et la poésie devant l'éclat troublant de la perfection. Il sentit le vertige absolu de celui qui sent le monde glisser entre ses mains.

À la fin de cette course, la journaliste Christin Cooper, de la NBC, se dirige vers Bode pour une courte interview. Elle évoque son frère décédé il y a presque un an. Poliment, Bode répond que cette course est traversée d'émotions. Elle lui demande à quoi il pense précisément. Il s'exprime avec peine, visiblement bouleversé. Il mentionne que cela a été éprouvant pour lui de venir à Sotchi. Elle continue en disant:

— Je sais que tu voulais être ici, aux Jeux, avec Chilly, as-tu obtenu cette médaille pour lui aujourd'hui?

Il répond qu'il ne sait pas s'il a gagné une médaille pour son frère ou pour être fier de lui-même. Des larmes perlent sur ses joues, puis il s'effondre. Le souvenir s'estompe, les traits du visage de Chelone se diluent comme un dessin à la craie sous une averse. Il a l'impression qu'il s'éloigne, doucement, sans bruit, et qu'il n'y a rien à faire pour l'ancrer, qu'il part à la dérive, et que cela l'entraîne loin, de plus en plus loin. La tête casquée de Bode s'incline, on ne le voit plus à la caméra.

La journaliste tente de le réconforter, une main sur l'épaule. Il continue de pleurer, puis s'éloigne, et retrouve sa femme, Morgan. Bode n'a jamais craqué de cette façon. Aujourd'hui, il pleure, pour son frère, pour son ski, pour sa carrière, pour ces nouvelles trajectoires dans sa vie. Ces larmes qui envahissent le visage des champions les ont libérés de l'injonction d'avoir à tenir leur rôle, leur rôle d'endurcis, d'insensibilité creusée par le contrôle des affects, la maîtrise parfaite des gestes. Ces larmes troublent ces incarnations absolues de la puissance. Si bien que soudain, sur la piste, sur les écrans de tous les téléviseurs du monde, transparaît l'émotion. On crie, on jure, on rit, on pleure. Des émois qui nous rappellent que nous avons un corps, un corps qui se dépense, des sentiments qui sont mouvements.

Christin Cooper sera très critiquée dans les jours qui suivent. De nombreux téléspectateurs pensent qu'elle a franchi la limite. Bode intervient sur twitter et sur le devant de la scène médiatique pour la soutenir publiquement.

— Je connais Christin depuis longtemps, c'est une personne empathique. Je sais qu'elle ne voulait pas me pousser aux larmes. Je ne pense pas qu'elle ait vraiment anticipé ma réaction, et je crois qu'au moment où elle a réalisé ce qu'il se passait, c'était trop tard. Je ne la blâme pas du tout. Je me sens terriblement mal à l'aise parce que c'était un concours de circonstances. C'était juste un trop-plein de sentiments, ça a été dur durant toute l'année dernière et parfois vous ne réalisez pas à quel point vous contenez des choses jusqu'à ce que le barrage se brise et que ce soit une véritable effusion. Cette journée aux Jeux a été la plus émouvante de ma vie. Mon frère me manque. Nous avons toujours été très proches.

Les Jeux Olympiques se terminent sur cette note, puisqu'il se classera vingtième du géant. Le podium sera remporté par son coéquipier Ligety et les deux Français Missilier et Pinturault. Il ne courra pas le slalom.

La suite semble désormais moins limpide. Bode va fêter ses trente-sept ans. Le mélange chimique qui le compose ne s'altère pas avec le temps. Il mesure à chaque saison ce qu'il lui reste de force. Le goût du risque, celui qui permet tant de victoires, résiste. Mais nous savons que la compétition est une horlogerie de précision. Il faut tenir le rythme, sculpter le corps. Voudra-t-il continuer ? Ses plus belles passions n'ont pas encore rejoint son ombre.

Épilogue

Après les Jeux Olympiques de Sotchi, Bode décide de continuer la compétition jusqu'à la fin de la saison, pour la première fois depuis 2008. Lors des finales de la Coupe du Monde à Lenzerheide, il remporte son quatrième podium de la saison en terminant troisième du super-G. Lors de ces dernières épreuves, il se blesse au dos. En novembre 2014, il annonce qu'il doit subir une chirurgie dorsale ambulatoire pour soulager la douleur et l'inconfort qu'il ressent depuis plusieurs mois.

Il revient en février 2015 à Beaver Creek. La suite, on la connaît, il se blesse de nouveau, le tendon ischio-jambier est déchiré. La blessure le force à se retirer des Championnats.

— Nous avons eu quarante secondes de gloire, avaient déclaré les préparateurs chez Head. Nous avions énormément travaillé pour le préparer à cette course. Tout semblait faire l'objet d'un grand spectacle, d'une belle réussite.

Bode annonce en octobre 2015 qu'il manquera une nouvelle saison. Il souhaite passer plus de temps avec sa famille et se concentrer sur sa nouvelle passion : les chevaux de course. Il laisse entendre qu'il reviendra. Il se fait attendre.

Bode Miller reste une personnalité énigmatique, imprévisible. Ses proches sont souvent déconcertés par ses choix et ses actions. Il rejoint l'aventure Bomber, marque de ski artisanale. Il prend des parts dans la société. Il s'implique dans tous les aspects de l'entreprise, du plan d'affaires aux dessins des skis. Quand il visite les ateliers en Italie, la passion des collaborateurs le fascine.

En testant leurs skis, il a immédiatement envie de courir de nouveau, et avec eux. Or Head, qui a mis fin à son contrat en mai 2015, lui avait fait signer une clause indiquant qu'il ne pourrait s'aligner durant les deux prochaines années avec une autre marque en Coupe du Monde. Bode saisit le tribunal fédéral de Los Angeles pour lever cette restriction. Cela n'aboutira jamais, Head ne cède pas, les procès sont onéreux et Bomber reste une petite marque comparée au géant Head.

Après cet échec, Bode se concentre sur sa famille et sur sa fondation Turtle Ridge, qu'il a développée en 2005. La fondation aide les athlètes handicapés ou blessés à reprendre la route du sport grâce à un équipement et un environnement adéquats. Les événements organisés par la Turtle Ridge Foundation sont à l'image de Bode, spontanés et anticonformistes. Le champion essaie de montrer aux enfants ce qui lui vient si naturellement : une prise de conscience naturelle et instinctive de son corps.

Bode vit désormais en Californie avec sa famille. Au printemps 2015 naît le premier enfant de Bode et Morgan, Nash. En novembre 2016 naît Emeline.

Bode s'est blessé à plusieurs reprises dans sa carrière, mais rien qui vienne bouleverser sa vie. Survivre est en grande partie basé sur la chance, mais aussi sur l'instinct de survie inouï qu'il a affiné plus jeune. Si Bode était heureux sur les pistes, c'est peut-être parce qu'il n'a jamais été sérieusement frappé. Il se croyait invulnérable, et qui, à le voir en action, aurait pensé autrement ? Ce qui fascine, c'était l'impression d'immortalité qu'il dégageait dans sa chair.

Le 31 octobre 2017, il annonce officiellement sa retraite. On l'attendait encore, pourtant.

Personne ne veut le croire. Alors que retiendra-t-on ? Trente-trois victoires en Coupe du Monde entre 2001 et 2011, sur les pistes les plus réputées. Il est peu probable que quelqu'un égale cette série gagnante de décembre 2004, lorsqu'il remporta des victoires dans chaque discipline du ski alpin en l'espace de seize jours. Il faut ajouter à son palmarès les six médailles olympiques, quatre médailles d'or en Championnats du Monde et six Globes de Coupe du Monde. Il remporte deux fois le titre le plus prestigieux : le Globe de Cristal.

Bode a eu une carrière exceptionnelle. Il ne regrette rien. S'il devait recommencer, il signerait pour tout ce qu'il a vécu, erreurs comprises. Les victoires, les défaites ne sont que l'écume de cette expérience, une vitrine. Rien ne peut vraiment la quantifier. Quoiqu'on tente de la définir par des records, des statistiques, une carrière sportive ne cesse de s'évader de son palmarès. Déterminée par des temps, des saisons, des règles, elle se déroule, en réalité, dans des sphères autres et secrètes.

— J'ai vécu toute ma carrière avec intensité et c'est quelque chose dont je suis fier.

Bode fut le plus rapide. Mais ce ne sont pas les millièmes de seconde qui ont forgé sa postérité. C'est la fureur qui a fait briller son étoile.

La solidité des enveloppes fascine derrière les pentes : ces peaux épaisses, ces peaux d'âmes pleines de vie et de folie nous interrogent. Que contiennent-elles dans leur intériorité ?

Le 13 novembre 2017, les champions sont frappés de plein fouet d'une douleur indicible. Le skieur français David Poisson décède lors d'une chute à l'entraînement au Canada. Le manque est silencieux mais définitif, l'effroi sans fond. L'équipe reste sur les lieux, se prépare pour les prochaines courses. Il y a désormais comme une ombre totale et impénétrable qui occupe une région de leurs souvenirs, une zone au bord de laquelle, pour continuer, pour skier de nouveau, leurs pensées se figent.

— Cela nous a rappelé à tous brutalement qu'on jouait toujours avec le feu sur une piste de ski, confie Bode. Au niveau où l'on skie, même si nous sommes les meilleurs et incroyablement bien entraînés, ce n'est jamais facile, il y a toujours des risques, vous mettez toujours votre vie en jeu [...] la vitesse et les dangers sont extrêmes.

Le ski, c'est avant tout un art de la liberté. Et risquer plus de liberté, c'est nécessairement abandonner quelque chose derrière soi, une quiétude peut-être. Ne pas prendre de risques, c'est ne pas oser la liberté. Les skieurs le savent. Les corps se cognent, se fragilisent, volent, mais ils sont la preuve de leurs existences. Des vibrations agitent leurs carcasses, les pulsations cardiaques rythment leurs vies. Ils ne voient dans toute prise de risque que la promesse d'une intensité nouvelle, vivre plus fort, rien d'autre.

La passion est la substance même du risque. On ne résiste pas à l'absolu, on lui abandonne tout de soi. Les skieurs ne veulent que traces et fusions, épouser les pentes, se dissoudre dans l'éphémère d'une courbe. Mais pour chacun d'eux, on retiendra la matière d'un vertige, la perfection d'un geste, le froid qui l'aiguise, la vitesse pour déesse, la mémoire d'une trajectoire.

Palmarès de Bode Miller

6 médailles aux Jeux Olympiques d'Hiver

2002	Salt Lake City	Géant médaille d'argent Combiné médaille d'argent
2010	Vancouver	Descente médaille de bronze Super-G médaille d'argent Combiné médaille d'or
2014	Sotchi	Super-G médaille de bronze

5 médailles aux Championnats du Monde

2003	Saint-Moritz	Super-G médaille d'argent Géant médaille d'or Combiné médaille d'or
2005	Bormio	Descente médaille d'or Super-G médaille d'or

33 Victoires en Coupe du Monde

2001 Slalom Madonna di Campiglio
Géant Val d'Isère

2002 Géant Alta Badia
Slalom Schladming
Slalom Adelboden

2003 Géant Park City
Géant Sölden
Géant Kranjska-Gora

2004 Slalom Sestrières
Géant Val d'Isère
Descente Beaver Creek
Super-G Lake Louise
Descente Lake Louise
Géant Sölden
Géant Kranjska-Gora
Slalom Sankt Anton
Combiné Kitzbühel
Combiné Chamonix

2005 Géant Beaver Creek
Super-G Lenzerheide

2006 Super-G Hinterstoder
Super-G Val Gardena
Descente Beaver Creek
Super-G Åre

2007 Descente Bormio
Descente Wengen

2008 Descente Kvitfjell
Combiné Val d'Isère
Combiné Chamonix
Combiné Kitzbühel
Descente Wengen

2010 Combiné Wengen

2011 Descente Beaver Creek

Bode Miller, en Coupe du Monde, c'est aussi deux Globes de Cristal (victoires au classement général) en 2005 et 2008, et 79 podiums en 438 courses !

Remerciements

À Paul-Erik Mondron, pour l'audace et la richesse de nos échanges.
À Enak Gavaggio, pour la plume pimentée des premières pages.
À Bastian, pour le soutien passionné et l'élan insufflé.
À mon père, pour m'avoir tout appris de la glisse et solidement encouragée.
À mon grand-père, Fernand, qui dévalait des montagnes folles avec insouciance.
À ma mère et ma sœur, skieuses et supportrices complices.
À la famille Guignier, pour les souvenirs joyeux et éternels à la Morte et à l'Alpe d'Huez.

À tous ceux croisés dans les pentes, et notamment à l'École de Ski et le Ski Club de l'Alpe du Grand Serre, l'École de Glisse de Grenoble, l'École de Ski de Saint François Longchamp.

À tous les moments partagés en course, aux entraînements, en poudreuse, sur les sommets sauvages, à ce plaisir inégalable.

Bibliographie

Bode : Go Fast, Be Good, Have Fun, Bode Miller, Villard, 2005

The Fall Line. How American Ski Racers Conquered a Sport on the Edge, Nathaniel Vinton, W. W. Norton & Company, 2015

Right on the Edge of Crazy. On Tour With the US Downhill Ski Team, Mike Wilson, Times Books, 1993

Hermann Maier. The Race of My Life, An Autobiography, Hermann Maier, VeloPress, 2005

Pistes de légende. Les descentes qui font l'histoire du ski, Gilles Chappaz, Glénat, 2010

Streif, une descente d'enfer, documentaire de Gerald Salmina, 2014

À propos de l'auteur

Née dans les Alpes en 1985, Virginie Troussier fait ses premiers virages à l'Alpe du Grand Serre avant de pratiquer le ski en compétition et de l'enseigner à Saint François Longchamp. Elle est aujourd'hui journaliste pour *Montagnes Magazine*, *Alpes Magazine* et *Voile Magazine*. Établie entre Paris et La Rochelle, elle anime et produit l'émission littéraire *Dans les marges* sur RCF Charente-Maritime.

Du même auteur

Folle d'Absinthe, Éditions Myriapode, 2012
Envole-toi Octobre, Éditions Myriapode, 2014
Sylvia Plath, Duetto, Éditions Nouvelles Lectures, 2016
Pendant que les champs brûlent, Éditions La Découvrance, 2017

Crédits photographiques

Selon la pagination des deux cahiers d'illustrations, de 1 à 16 :

Agence Zoom (Grenoble) : couverture, 1 haut, 3 haut, 3 bas gauche, 3 bas droite, 4 haut, 5 haut, 5 bas, 6 haut, 6 bas, 7, 8 bas, 9, 11 bas, 12, 13 haut, 13 bas, 14 haut, 14 bas, 15 haut, 15 bas gauche.
Agence France-Presse (Paris) : 1 bas, 2 haut, 2 bas gauche, 2 bas droite, 4 bas, 8 haut, 10, 11 haut, 15 bas droite, 16.

Table des Chapitres

Conception graphique : Juliette de Patoul
Mise en page : Véronique Lux

Achevé d'imprimer en septembre 2018
sur les presses de l'imprimerie Jan Verhoeven
à Sint-Pieters-Leeuw, Belgique